NOTES OF A RUSSIAN

SNIPER

瓦西里·扎伊采夫

我在斯大林格勒的生死狙击

〔苏联〕瓦西里·扎伊采夫（Vassili Zaitsev）著　何卫宁 译　王轩 审校

上海三联书店

图书在版编目（CIP）数据

瓦西里·扎伊采夫：我在斯大林格勒的生死狙击/（苏联）瓦
西里·扎伊采夫著；何卫宁译. —上海：上海三联书店，2023.1
ISBN 978-7-5426-7766-2

Ⅰ.①瓦… Ⅱ.①瓦… ②何… Ⅲ.①回忆录—苏联 Ⅳ.①I512.55

中国版本图书馆CIP数据核字（2022）第124693号

Notes of A Russian Sniper
Copyright © Pen & Sword Books Ltd, 2009
Copyright of the Chinese translation © 2021 by Portico Inc.
Published by Shanghai Joint Publishing Company.
版权合同登记号　图字：09-2021-0319号

瓦西里·扎伊采夫
我在斯大林格勒的生死狙击

著　　者 /［苏联］瓦西里·扎伊采夫（Vassili Zaitsev）
译　　者 / 何卫宁
审　　校 / 王　轩

责任编辑 / 李　英
封面设计 / One→One
装帧设计 / 千橡文化
监　　制 / 姚　军
责任校对 / 张大伟　王凌霄

出版发行 / 上海三联书店
　　　　　（200030）中国上海市漕溪北路 331 号 A 座 6 楼
邮购电话 / 021-22895540
印　　刷 / 固安兰星球彩色印刷有限公司

版　　次 / 2023 年 1 月第 1 版
印　　次 / 2023 年 1 月第 1 次印刷
开　　本 / 787×1092　1/16
字　　数 / 197 千字
印　　张 / 16
书　　号 / ISBN 978-7-5426-7766-2/K·670
定　　价 / 88.00 元

敬启读者，如发现本书有印装质量问题，请与印刷厂联系 0316-5925887

序言

马克斯·哈德伯格[1]

让·雅克·阿诺的著名电影《兵临城下》使瓦西里·扎伊采夫成名，但是，真正的瓦西里·扎伊采夫比裘德·洛所扮演的角色更加复杂，是一个截然不同的人物。

27岁的瓦西里·扎伊采夫是一名来自乌拉尔山脉针叶林区的猎人，在苏联太平洋舰队担任会计和薪金管理员。他随同一支水手和陆战队员组成的分队志愿参加斯大林格勒战斗，在这座被困的城市，上级很快发现他的射击天赋并让他成为一名狙击手。

瓦西里把打猎的才能和安置捕猎圈套的才能应用于斯大林格勒战场的残垣断壁。至今，他在废旧工厂使用过的战术、在弹坑累累的马马耶夫岗上使用过的战术，仍然是世界各国战争学院研究的课题。

由于扎伊采夫的英勇行为在苏联内部流传开来，他很快成为知名人

---

[1]　马克斯·哈德伯格是《货船船长》（*Freighter Captain*）的作者。

物。他在一次战斗中被弹片所伤，从医院康复后，他获得了国家的最高荣誉——苏联英雄"金星奖章"。

那些看了电影《兵临城下》的人，都知道这部电影带有些许恶意，也许有人会因此而相信扎伊采夫本人只不过是宣传机构制造出来的工具，这种观点其实不符合事实。扎伊采夫既是共青团员，也是共产党员，在这本书中，扎伊采夫表达了对苏联的忠诚和热情。

我们注意到电影《兵临城下》包括了一些本书没有的情节，具体来讲，电影中有一个可怕的情节是内务人民委员会用机关枪扫射因冲锋失败而后撤的苏联士兵。这个情节在扎伊采夫的书中没有，虽然在斯大林格勒战斗的连队之中有刑事犯人，但是扎伊采夫是志愿者，不是罪犯。我们相信扎伊采夫本人对虚构出的情节感到震惊，讨厌自己的名字与虚构出的情节有任何关联。

该电影还有一个不正确的地方，瓦西里在电影中被描绘成一个没有上过学的农民。实际上，他所接受的小学和中学教育是相当好的，这要感谢被阿诺蔑视的苏联的教育体系。战后，瓦西里继续接受教育，成为基辅大学的工程学教授。

瓦西里并没有接受过写作培训，但他的这本书却洋溢着激情，充满了实践中的智慧，可以称得上是一部战争非虚构作品的经典之作。在伏尔加河畔那个被摧毁的城市中，在历史的转折关头，在瓦西里·扎伊采夫的祖国面临最黑暗的时刻，他的勇气、智慧、爱国热情，给了他的祖国一种希望，这才是他希望别人记住的。

关于瓦西里·扎伊采夫

瓦西里·崔可夫[1]

经历过斯大林格勒战役的士兵和军官们谁会不知道瓦西里·扎伊采夫这个名字呢？他的英雄事迹和高度的军事素养，为我们在斯大林格勒战场和其他战场上的战士树立了榜样，敌人肯定也了解到了他的战绩，在德国人向斯大林格勒的伏尔加河推进的过程中，瓦西里·扎伊采夫消灭了300多名纳粹官兵。他不仅是神射手，而且是高明的战术专家，他在战场上的活动引起纳粹的警觉并不奇怪，柏林狙击学校校长、"顶级狙击手"科宁斯少校飞抵斯大林格勒，任务是消灭难以抵挡的苏联狙击手。但是，瓦西里·扎伊采夫的子弹先找到了这名纳粹老狐狸。

我曾经在斯大林格勒见到过一些有声望的狙击手，其中包括瓦西

---

[1] 崔可夫为本书1971年版本所写。1942年9月，瓦西里·崔可夫被任命为斯大林格勒的第62集团军的司令员，后来崔可夫领导的近卫第8集团军（因斯大林格勒的功勋而被命名）归属为白俄罗斯第一方面军，引领向柏林的突击，崔可夫获得了从克莱布斯将军那里接受柏林投降的荣誉，二战后，崔可夫于1949—1953年担任苏军驻德军队集群总司令。

里·扎伊采夫、阿纳托利·契诃夫、维克托·梅德韦杰夫这三位最知名的狙击手。从外表看，他们与普通士兵没有区别。

初次见面之后，我被瓦西里·扎伊采夫的素养深深打动，他具有几种突出的特质：谦逊、优雅、异常镇定的情绪、专注的目光。他的握手给人坚定的感觉，他的手像钳子一样握着你的手，紧得让你生疼。

我们见面的时候，正是斯大林格勒防御战最困难的时刻。他说："我们别无选择。对我们来说，伏尔加河岸没有退路。"这句话成了困难时刻激励人心的口号，第62集团军的士兵人人都在复述这句口号。

瓦西里·扎伊采夫有组织才能，所以他领导起了集团军狙击小组，他有许多学生，他们都成为了最好的射手。扎伊采夫小组和梅德韦杰夫小组曾经消灭了数百甚至上千的纳粹分子。当时，战士们戏称扎伊采夫的学生是"扎伊采夫的那窝兔子"[1]，称梅德韦杰夫的学生是"梅德韦杰夫那窝熊仔"（在俄文里，扎伊采夫这个名字的词根是兔子，梅德韦杰夫这个名字的词根是熊）。

现在，四分之一个世纪过去了，瓦西里·扎伊采夫在这本书中向读者介绍了狙击手学校的奥秘并讨论了狙击手的艺术，他写的每一页都以惊奇的方式给人阅读的快乐。我认为扎伊采夫的思考能增强年轻人的道德意识。我建议所有的年轻朋友们——武装力量成员、学院和大学的学生，车间、集体农庄和军队里的共青团员——都来了解一下瓦西里·格里戈里耶维奇·扎伊采夫的勇敢和机智。

---

[1] 俄语"zayitz"（兔子）是姓氏"扎伊采夫"的词根，这个词在这里翻译成"gang"（俄语 zaichat），字面意思是"小兔崽子"，梅德韦杰夫也是一个派生词——medved的意思是熊，medvedzhata通常翻译成"群"，但字面意思是"小熊"。

Contents
目 录

NOTES OF A RUSSIAN SNIPER

Contents
目 录

NOTES OF A RUSSIAN SNIPER

Contents
目 录

NOTES OF A RUSSIAN SNIPER

Contents
目录

NOTES OF A RUSSIAN SNIPER

Contents
目录

NOTES OF A RUSSIAN SNIPER

NOTES OF A RUSSIAN SNIPER

Contents
目录

NOTES OF A RUSSIAN SNIPER

Contents
目录

NOTES OF A RUSSIAN
SNIPER

Contents
目 录

NOTES OF A RUSSIAN SNIPER

Contents
目录

童年和少年

人都记得自己的童年，有人说童年痛苦，还有人说童年充满温情和骄傲，但无论如何，每个人对童年都有所感叹。少年从何而始，至何而终，我却从来没有听人说过，我自己也不知道，这是为什么？也许是因为人在童年开始的时候还没有意识，记忆中没有留下任何痕迹。另一方面，从儿童变成少年是朦胧的，儿童在这个时期还只能用儿童特有的草率眼光看世界，这就是我们常说的"大孩子"。很难说多大的年龄就算是"大孩子"，有时，你有可能遇到一个20岁的儿童，但这样的儿童时光不值得夸耀。

在我的记忆中，我爷爷安德烈的一句话把我带出童年，他带我到野外打猎，递给我一张弓和自制的箭，并对我说："瞄准好目标，眼睛盯住猎物，你已经不是一个孩子了。"

孩子喜欢玩大人的游戏，但大人的游戏并不好玩，森林里有许多野生动物，感觉灵敏，动作迅速——它们各个都不是假装出来的。比如，你想打一只山羊，这东西有极好的耳朵和眼睛，你必须伪装起来，看上去就像一簇小矮树丛或者是一堆干草。你必须静静地趴着，不能大声喘气，也不能眨眼。如果你想偷袭一个野兔子窝，你必须逆着风向爬向目标，不能让身体下的草叶发出声响。

要与大地连成一体，要龟缩得像一片枫树叶，行动一定要轻，你必须让弓箭瞄准野兔才发射。爬得越近越好，距离太远，你肯定射不准目标。

爷爷疼爱孙子，要甚于爸爸疼爱儿子，为什么如此，只有爷爷知道。我爷爷名叫安德烈·阿列克谢·扎伊采夫，出身于猎户世家。爷爷最喜欢我，就像他最喜欢他的大儿子我爸爸一样，我爸名叫格雷戈里，有一个女儿，两个儿子。我是老大，成长得很慢，我们家人都认为我是一个发育不全的小矮子，像半品脱的瓶子，或者像是一根顶着帽子[1]的短木棍。但是，我爷爷从来不说我矮，他总是给我讲打猎的故事，如果我做错了事，他便会急得要哭。看到爷爷如此重视我，我只想报答他，于是爷爷说什么，我就做什么。

我像学书本知识那样学会了识别动物的踪迹，我能找到狼和鹿的窝，我建造的埋伏处非常隐蔽，就连爷爷也找不到，除非我叫喊他过来。我的这些进步，让我爷爷这位老猎人感到高兴。有一次，好像爷爷想表彰我的努力，他把我带入一个危险境地——在我们捕狼的时候，他让那野兽走近我，等到我与那野兽之间距离不能再近时，他才用木槌把狼杀死。他的意思是说："你看，孩子，你需要学会如何勇敢地、镇静地对付凶猛的敌人。"看着我脚旁边的狼皮，他说："结果是不是很不错？我们省下了一颗子弹，狼皮没有丝毫瑕疵，上等货色。"

---

[1] 原文是Yardstick with a hat，这里可能是俄尺，一种旧有的俄罗斯度量衡，合0.711米，有时用来表示某个东西短。

此后不久，我设法用套索抓住一只野山羊，嘿，我把绳索掷到那家伙的角上，它飞快地逃跑了！它把我从我躲藏的地方猛地拉出来，拖着我穿过一片灌木丛，它还企图把绳索从我手中撕扯掉。不行，我不允许它那样做，我抓住灌木丛，拼命不松手。

那山羊一会向左冲，一会又向右撞；它围着灌木丛转了一圈，又一圈，最后终于跪下了。爷爷高兴地看到我的成绩，我高兴得哭了起来，爷爷舔去了我脸上的眼泪。

第二天，爷爷当着爸爸、妈妈、弟弟、妹妹的面，给了我一支单发20号口径[1]猎枪作礼物。这是一件真正的武器：弹药带上的军用弹药筒内有子弹和打野松鸡的大号铅弹。我满怀期待的心情站着，爷爷把枪挂在我的肩上，由于我比较矮，枪托都挨到地板了。尽管如此，我有枪说明我不再是一个小孩子了，小孩子是不许碰这种武器的。

此时，我刚刚满12岁，这一天，我长大成人了。别人叫我矮子，我不怕，因为我肩上有真枪了。这是1927年发生在乌拉尔州南部叶列诺夫斯科耶（Yelenovskoye）农业区[2]，萨兰-萨卡河边我爷爷的家中的事。

我变成一个大孩子，一个独往独来的猎人。我爸爸还记得他在布鲁西洛夫[3]将军手下打仗时的事，他对我说："瓦西里，必须节约用好每一发子弹，学会弹无虚发，这对你有好处，这个习惯不仅对你打四条腿的动物有帮助。"

---

[1] 这是度量霰弹枪枪管膛径的单位，其定义是看一磅铅能够铸出多少颗和这个枪管膛径同尺寸直径的铅弹，20号口径的霰弹枪发射的就是1磅铅可以铸造出20颗同尺寸的铅弹，铅径越小，口径就越大。——译者注

[2] Sle'soviet："sel'skokhozyaistvenniy soviet"的缩写，是一个农业区。

[3] 阿列克谢·阿列克谢耶维奇·布鲁西洛夫（Aleksei Alekseevich Brusilov，1853—1926）：第一次世界大战中的俄国将军。

除了猎枪，爷爷还教给我森林的智慧，教我如何热爱大自然，告诉我他的处世经验。他常常坐在树墩上，拿着自己心爱的烟斗，抽着自己种的烟草，紧紧地盯着地上的一点，耐心地教我如何成为猎人。

"如果你走入森林打猎，"爷爷说，"摘下自己的帽子，以便能听到周围的声音，听森林里一切细微变化；听鸟儿的对话，如果喜鹊在喳喳地叫，这肯定是表示你周围有什么东西的信号，还有可能是个大家伙。赶紧准备好，找一个好位置，要安静，耐心等待，因为猎物会来找你，躺着别动，一根手指都不要动。"

爷爷猛吸了一口他的烟杆。

"你打猎回家，"爷爷继续说道，"务必在太阳落山之后，使得人家探听不到你的收获，千万不要夸耀自己的成绩，成绩会自己说话，这样你下次就能更努力地打猎了。"

爷爷知道如何把自己的信仰灌输给我们这些孩子。

我总是把捕获的猎物放进猎人木屋之中，猎人木屋能住许多人，只有男人才能进入。猎人木屋分为两个部分，一部分供人居住，另一部分储藏食物，中间用木头隔开。冬天，储藏部分放着冰冻的猎物，屋顶挂着上百只鸟，寒冷使它们不至于腐烂。

我和爷爷、表哥睡在铺有狼皮的木床上，木床下堆放着其他猎物的毛皮，屋子里还有一张供爷爷白天打盹的床。

在宗教节日的前夜，所有亲戚都来到猎人木屋；平时不许女人来此的规矩也暂时作废。

爷爷有他自己尊敬的神像，他不相信东正教的圣徒，也不相信我奶奶的信仰。不过，他没有把奶奶的神像扔掉，所以，我们的木屋里有两套宗教的神灵供奉，并排放着。我奶奶的信仰说："不杀戮，不偷窃，尊重长者，伟大的上帝在天上能看到一切。"按照我奶奶的说法，我们生而不灭：当灵魂离开身体，身体就要被送去做苦修，而灵魂此时会像鸽子一样飞去接受神圣的审判。我们每个人的灵魂都必须报告自己在人间的所作所为，忏悔所犯的罪过，人在下辈子的生活取决于这辈子的行为，人在人世间的行为，将决定他是否会永远在地狱受煎熬，或者是去天堂狂欢。

所以，我和表兄马克西姆总是想做好事，以便日后灵魂能上天堂。但是，我爷爷有不同看法，他对我俩说："没有什么东西能活两次，人和动物都不能，比如，你今天猎获了一头山羊，你剥皮时没有做好，有两刀下手太重，山羊皮被破坏了。"爷爷有时会大发脾气，说出一些离谱的话："你如果再犯错误，我就用鞭子狠狠抽你，让你活到我这么老的时候还留着疤痕。"

我和马克西姆就躲在角落里不出声，我们知道爷爷的脾气，他此时会抽烟杆，然后开始寻找理由反对奶奶的宗教信仰。

"你们把山羊挂在屋外的冰天雪地里，鸟儿就会来吃食，你们能看见什么灵魂吗？"

我俩静静地蹲在那里，就像两只仓鼠，看着爷爷像往日一样发脾气。

"所以，你们没话说了吧！听着，你们见过人们所说的灵魂吗？"

我说没有看到过。

"这就对了。"爷爷总结说，"如果你们没有看见，就说明不存在，存在的是兽皮、肉、勇气，兽皮挂在外面，肉在汤里，小狗鼓足勇气来吃饭。记住，孩子们，灵魂和鬼魂都是别人让你相信的，世上没有令人害怕的鬼魂，真正的猎手什么都不怕，如果我在你们的眼睛中看到恐惧，我就用鞭子抽你们的后背。"

表兄马克西姆戴着眼镜，有近视的毛病。他比我大5岁，我们打架时，我却从来不认输，如果没有打过他，我就会抓他、咬他，在这种情况下，他总是后退。爷爷喜欢我这种抵抗的劲头，我总是爷爷最喜欢的孩子，家里人谁都不许惩罚我；只有爷爷有这个权力，但是，如果我吹牛、撒谎、搬弄是非、表现出懦弱的时候，他会揍我。

我妹妹波利娜（Polina）常常抱怨我身上散发着动物的气味，她说得对。在冬天，我们与动物待在一起的时间比与人待在一起的时间要长，我们的手、脸、衣服、枪、圈套都涂上獾油，就是铁器涂过獾油也变味。我们的气味与动物一样，这样动物就不会因为我们出现而警觉起来。

每天早晨第一件事是听爷爷训话，他总是给出一些建议，帮助我们更好地适应大森林。他说："如果用圈套抓住许多只兔子，无法一次带回来，必须把剩下的挂在树上。"这个办法，他实际上早就告诉过我们，但打断爷爷说话是绝对不可以的。

我们总是在黎明时分离开家，此时太阳刚刚升起，新鲜的雪花像面粉一样白，在我们的滑雪板下"嘎吱嘎吱"地作响，空气既清新又干冷。刚起床，身体还没有舒展，我们懒洋洋的，狗却总是早就准备好了，使劲地拖拉拴在它们身上的皮带。狗总是想自由自在地跑，但是，我们必须先检查圈套是否正常，这是森林里的规矩。

有一天早晨，我们发现有一只狼被圈套捕捉住后又挣脱逃跑了，我们把狗绑好，马克西姆回家里取枪，我继续检查其余的圈套。

太阳正在升起，就像一个红红的火球，周围有令人眼花缭乱的光环，天气十分冷，冰冷的风冻僵了狗爪，狗开始狂吠。

马克西姆终于回来了，我们开始搜寻那只狼和其余的圈套。天像疯了一样刮着风，在乌拉尔山脉，有一句俗话："天有点冻冰不怕，怕的是你站着不动。"马克西姆的眼睛有毛病，在狂风中总是流眼泪，于是，我俩决定第一枪由我打。

我们仔细勘察狼的踪迹，判断它的右前爪曾被圈套钩住，因为它在用三只脚走路。那狼并不笨：它知道有人来追踪，所以总是找雪覆盖薄的地方走，它一旦发现圈套的机关被打开，便原路折回，尽量隐藏自己的脚步。然后，它不再走原路，而是选择一条新路前行，它向林子的深处走，那些地方有冰封的沼泽，这匹狼在路上连一根毫毛都没有留下。

我和马克西姆全神贯注地追踪，完全没有注意到天正在变暗，我很累，背开始疼痛，想吃东西。

马克西姆用短柄斧在几棵树上做了记号，免得迷路。我感到失望，痛苦地意识到一整天什么猎物都没有捕获，心不在焉的我迷路了。我的狗察觉到一丝异样，它开始拉扯皮带，我让狗安静下来，把猎枪抓在手中。离我大约50步远的地方有一堆灌木丛，灌木丛旁站在一只有角的山羊。我感到瞄准比较困难，因为它背对着我，我想等它转身，以便能更好地瞄准目标。但是，那山羊似乎蔑视我，静静地站着不动，用力咀嚼雪中暴露出来的草。我仔细瞄准，扳动猎枪的扳机，那山羊跳到空中，跑了几步，跪在地上。我放开拴狗的皮带，手中挥舞着匕首，跟着狗冲向山羊。

狗追上山羊，扑了上去，那牲畜既有力气又狡猾，用自己的角打退了狗。它很勇敢，但是受了伤，无法逃脱，我本不想再用第二发子弹，但是别无选择，我无法使用匕首，因为我根本不能靠近那暴跳如雷的动物，所以我再次射击它——这次击中了它的头部，它瘫倒在雪地上。

马克西姆听到那狂怒的山羊的呻吟，也听到狗的咆哮，他赶了过来，他看到那东西大得惊人。

"哇！"我爽快的表兄说，"咱俩无法搬动这头野兽，我们需要把它挂在树上。"此后，他开始发号施令。

"把这里清扫一下，我们必须在这里过夜，收集尽量多的木柴，我们需要烧一整夜。"于是，我准备出一块宿营地，收集了一些干木柴，然后花了很长时间想用锡铁摩擦产生火花。我用力摩擦锡铁，天很冷，我的手变得笨拙，但我不断试，最后，我终于点燃了火绒。木柴燃烧的火光很亮，红色的火舌在燃烧的木柴上翩翩起舞。

这时，马克西姆把山羊皮剥了下来，首先，不能让四条腿的朋友饥饿，马克西姆把山羊的内脏抛给狗，然后，我们用猎枪的清洗棒作炙叉，烤山羊肉，我俩饿极了。

吃完可口晚餐，我只想睡觉，我把拴狗颈的皮带绑在我的腰带上，枪搂在怀里，用帽子盖住眼睛，睡着了，就好像是回到了家里似的。

马克西姆把火拨旺，翻身靠向我，几分钟后，他就打鼾了。我们的宿营地处于安宁的睡眠之中，唯一没有睡觉的是我那条西伯利亚小哈士奇狗，它的名字叫达姆卡，它蜷曲成一个球，但留一个耳朵竖立着，守护着我们的宿营地。

我们在睡梦中突然听到达姆卡的一阵咆哮，这把我们惊醒了，仅几秒钟，我、马克西姆、达姆卡都警觉地站立起来，从燃烧的木柴来看，我们入睡的时间不长。

马克西姆拿起一块正在慢慢燃烧的余烬，向黑暗之处用力投掷过去，余烬撒下大量红火星，我们没有发现异常。狗变得安静下来，我离开火堆，走向黑暗，想看一个究竟，大约一百米远的地方，有一双小灯泡对我眨眼。

我大叫道："狼！"

"狼一定嗅到了我们的烤肉。"马克西姆说，他接着逗惹我说："你害怕了吗？"他的话伤了我的自尊。

"我没有。"我回答，马克西姆的暗讽让我很生气，于是，我迈步走向那有一双像珠子一样眼睛的地方。我走得很慢，因为雪深淹没了我的膝盖，突然，我的直觉命令我道："停下，开枪。"我举枪射击。

枪声在林子里回荡，狼消失了。我猛地拉下皮帽，竖起耳朵，屏住呼吸，但深林里一片寂静，我感到无奈，戴上帽子，回到火堆旁。马克西姆正镇静地从山羊屁股上削刮肉，然后穿在烤肉炙叉上，火堆已经变成一大堆木炭。我奇怪为什么马克西姆不问我是否打倒狼没有，然而，他确实没有理由来问我，那一枪，毕竟是我在黑暗中匆忙射出的；我一定打偏了，我一边想，一边睡了过去，这一觉睡得妙极了。

第二天早晨，马克西姆走近我身边戳醒了我。

"快点，大猎手，该吃早饭了。"

就在我站在马克西姆旁边看他做早饭的时候，我突然想到应该去看看我昨晚开枪的地方。

"你到底想去哪里？"马克西姆有点恼火地问道。

"我要去看看我打死了几只狼。"我回答。

他说："快点回来，别让早饭凉了。"

雪地里有狼的脚印和血迹，我几乎不敢相信我的眼睛，我继续跟踪脚印，疑问消失了，我打中目标了。

马克西姆赶来了，他跑得上气不接下气。

"你打中了吗？快点，让我们去看看……"

我站在那里，看着近视的马克西姆几乎不是在用眼睛跟踪，而是在用鼻子嗅着追踪。后来，他直起身子，惊奇地看着我，就好像看着一个陌生人。

"干得好，那狼跑不远。"

我们跟着血迹走上一个山坡，在坡顶，我们看到了那狼，它年纪不小，胸前流着血，一动不动地躺在地上。为了安全，马克西姆先放出狗，然后我们再接近那受伤的野兽，达姆卡围着狼转圈，大声咆哮着；那狼一点反应都没有，马克西姆提起一根棍子，重重打在狼的鼻子尖上，那野兽抽搐一下后挺直不动了。

我们仍然必须找到那只从我们的圈套中脱逃的狼，我们放出所有的狗，林子里到处是狗吠之声。一开始，我和马克西姆认为狗正在与一群狼搏斗，但是，实际情况令人感到十分怪异，狗正大声叫唤，要求我们去帮忙！马克西姆的腿比我长，比我先到狗叫的地方，我跑近一看，不敢相信自己的眼睛，马克西姆手里抓着一条绳子，绳子的另一端在一个洞穴之中。

"洞里是什么？"我十分好奇。

"这是我们做圈套的绳子，那洞里的狼腿上缠在这根绳子，让我们用烟把狼熏出来……"

半个小时后，那狼躺在我们脚下，我们没用猎枪就把它干掉了，省了一粒子弹，保护了兽皮，我们严格按照爷爷教我们的做。

我们带着丰厚的战利品回家：两张狼皮、十几只兔子、我们的狗猎获的一只狼獾。令人吃惊的是，家里没有一个人表示感动，爷爷没有，爸爸没有，妈妈没有，甚至妹妹也没有。他们觉得，我们经历过的只是两个猎人生活中的普通故事，我们花费整整一夜的时间，在冰天雪地的森林里打死了两只狼，这件事并没有什么惊奇之处。尽管我有一个不雅的绰号——"戴帽子的短木棍"，但是，我打枪准，有资格做一名猎人。

至此，肩挎猎枪的我，在不经意中告别了童年，成为一名少年。

我学会了在大森林里寻觅猎物踪迹的本事，日后，这些本事帮助我与长着两条腿入侵祖国的侵略者搏斗。

海军战士
参加保卫斯大林格勒

爷爷教我阅读和写字，十六岁那年我参加工作，作为一名建筑工人参与了马格尼托哥尔斯克[1]项目。在那里，我完成了基础教育，并开始学习会计专业的课程。

1937年，我入伍了。虽然我个子不高，但被太平洋舰队录取，心里很满意。蓝白条纹的海魂衫永远是胆量和勇气的象征。穿海魂衫的人，从远处看很显眼。你总是能注意到那蓝白条纹，即使是在有风暴的海上或是拥挤的人群中也是如此。那蓝白条纹似乎有生命，是活动的，就好像海军士兵把大海戴在胸前。

当然，制服只是身外之物，只是物品。但是，试着穿上军服，你马上就想把身体绷直，胸脯也挺了起来，除非你是一个娘娘腔的男人，或者是个病秧子。你一穿上军服，马上就能感到一种要使劲的强烈欲望，比如做

---

[1]　马格尼托哥尔斯克：斯大林五年计划的一个重要的农村发展项目，在广泛的青年运动的帮助下建成。

几次引体向上，或者躺在长凳上举几次哑铃。所以，穿军服对你有影响，就像人们常说的那样，穿海魂衫的人不知道害怕，蔑视死亡，绝不祈求敌人的怜悯。

海魂衫，海魂衫！我有幸第一次穿上海魂衫是在1937年，地点是符拉迪沃斯托克。我和我的"旱鸭子"朋友们——他们都是共青团员——长途跋涉，从乌拉尔山脉来到太平洋舰队。在整整5年的时间里，我一直穿着令我骄傲的海魂衫，我进行各种训练，准备在海上战斗……不过，我最终被调遣去干燥的陆地作战。但是，我不愿脱下我的海魂衫，所以我把蓝白条纹的海魂衫穿在士兵军装的底下。

长话短说，1942年9月，我和一些水兵兄弟脱下水兵服，穿上步兵军装，加入步兵第284师。我的回忆带着我回到遥远的太平洋，第一次见到符拉迪沃斯托克的印象还萦绕在我心中。1937年2月3日凌晨，装载着新兵的列车抵达车站，黑夜慢慢退去，城市的轮廓渐渐清晰，我们都希望快点离开烟味很浓的车厢。士兵两人一排，走过横跨铁路轨道的高架人行道，之后，我们看见了大海，海面被灰色的冰覆盖着。

"喔，哪里有海浪？"我们中没有人曾经见到过大海，我们都是从中部来的旱鸭子。

有一个小军官跟着我们一起走。

"够了，你们这群爱吵闹的家伙。"他呵斥道，"排好队伍。"

队伍走过几个街区，在一对旧红门前停住，红门写着一些模糊不清的字，好像是"更衣室"，但是，"更"几乎看不清了，没有人试着再描一描那个字。我们走进建筑物的院子，一辆卡车在我们面前来了一个急刹车后停了下来，司机旁边的那个人穿着水手厚呢短大衣，新剃的海员发式。他推开卡车的车门，把贝雷帽向后推了推，站在踏板上对着我们冷笑，就好像在说，"看看谁来了，一些乡巴佬！"他走到我面前，上下打量起我。

"小兵，路上好吗？"他问我。

"时间太长了，不过，我们终于到了。"我回答。

"好，祝贺你们，我觉得你们能成为一群好水手。"

"你怎么知道我们能成为什么样的水手？"说话的人是萨沙·格里亚泽夫，我的一个朋友，他长得就像一个大猩猩。萨沙爱说笑话，就像站在踏板上的那位水手一样。

"我是怎么知道的？"那水手模仿我朋友说道，"我的朋友，你听上去像一个真正的乡下孩子，等着他们送你去'古巴'[1]吧，你在那里能获得一些培训。"

我天真地问："'古巴'是什么？"

"哎哟，那地方是水手的旅游胜地。"站在踏板上水手说道，"他们只挑选少数几个人去，如果你愿意，我有一个朋友能为你安排一次为期5天的假期。"

"冒昧地问一句，您是谁？"我问站在踏板上那个爱说笑话的人。

那水手假装出一副吃惊的样子说道："你的意思是说，从哈巴罗夫斯克到这里，这一路上，竟然没有一个人曾告诉你们平民衣服需要交给助理洗衣工尼古拉·库罗佩？我就是尼古拉·库罗佩……"

我们全神贯注地听这个喜剧演员的表演，这可能是因为当时没有什么更好的娱乐，我们同他开玩笑，就好像他的官阶不比我们高几级似的。

他说："所以，错不在你们身上，我要大骂哈巴罗夫斯克的新兵站长一顿，这是我唯一要做的事，但是，我现在要给你们一个任务。"

他领着我们进入浴室，然后下命令道："把衣服脱了，只剩内

---

[1] Guba：俄国海军俚语，指横帆双桅船，也有舰上禁闭室的意思。

衣……"

几分钟后，我们这些从乌拉尔山脉来的旱鸭子变得相互无法辨识，尼科莱·库如匹拿走了一堆我们穿来的外套、鞋、衬衣。此时，来了一个海军大士，他自称名叫瓦西里·格列戈罗维奇·伊林。

伊林教训我们说："不穿海魂衫的水手什么都不是，你们马上就能拿到海魂衫。但是，为了能适应新制服，你们必须洗澡，把头剃得跟和尚一样，清洁是健康的标志，是水兵的特点。"

同志们拿到一些电动剃刀，大家相互理发。很快，我的脚下堆起一些细碎的头发束，我感到一丝忧愁：再见了，我的青春。

同伴们洗擦着身体，四处都是溅水声，我没有找到澡盆，这里也没有足够的洗澡海绵，于是我只好在木凳之间游荡。所有人在叫喊着，泼着水，打着水仗，就好像是学校里的男孩，我无法参与其中，感到失望。我在一个角落坐下，等着别人洗完。这时，有人在我附近坐下，他的身体很瘦，因骨节暴露在外而显得崎岖不平，就像打着结的绳子。这家伙名叫沃克林·瓦西里琴科，乌克兰人。

"喂，搭档。"他说，"我们必须洗澡，你能帮助我吗？"

在蒸汽浴、淋浴后，代理军士长瓦西里·伊林交给我海魂衫，果然，那海魂衫很合身，海魂衫上蓝的白条纹，让我感到自己的力量增长了，使我有了一种使命感，穿在身上的海魂衫，就好像在说："让海上的风暴来吧，我一定能坚韧不拔。"代理军士长瓦西里·伊林说得对，穿上的海魂衫，意味着你必须不断挑战自己，从而证明自己。

*

我在海军干了5年，后来成为步兵，事情是这样发生的。

战争开始已有一年，收到许多份调令后，我最后终于被列入由海军转入陆军的名单之中。此时，我已经是海军大士（chief petty officer），相当于陆军的高级准尉（starshiy praportshtik），或者叫高级准尉长。

我与其他一些要求参战的水兵一起，乘坐火车向西开进，我们终于要上前线了。旅途既漫长又乏味，车轮不停地发出声响。我希望快点到达目的地，列车慢得令人发怒。列车翻越乌拉尔山脉时，我回忆起爷爷教我如何在苍天下荒野中跟踪、射杀、宿营。但是，此时并不是抒发感情的时候。祖国正处于危难之中。我要上前线，要赶快！

我们的列车在克拉斯诺乌菲姆斯克的货运站突然转向，进入一条另一端闭塞不通的旁轨。站台上有人喊："所有人都下车。"发生了这种事，你很难想象水兵们脸上的失望表情。我们都有一个问题：这个地方前不着村，后不着店，把我们拉到此处做什么？实际上，步兵第284师就驻扎在克拉斯诺乌菲姆斯克。这支部队曾在卡斯托尔诺耶参加过激战，后被换下战场，来此地休整，补充兵力。

我们这一组从符拉迪沃斯托克来的小队，被编入第1047团的第2营。营里的指挥官和政委热情地欢迎我们。不过，我们的海魂衫和水兵帽引发一阵笑声。

我们很快回到列车上，继续聆听车轮发出的节奏。一路上，列车只在很少的几个站停车。无论何时从车窗向外望去，眼前都是一望无际的西伯利亚没有树木的大草原。

车厢内非常拥挤，我和同志们脱下了水手厚呢短大衣，车厢里的人都看见我们的水手服的蓝白条纹。我们变成有车轮的军舰，我们的旅行也成为一次在陆地海洋的航行。列车前方出现的烟尘，让我感觉好像正驶入一场海上风暴。

白天，夜晚，白天，列车行驶着，苏联真是一个幅员辽阔的国家。我们希望火车快一点，以便能早日上战场。但是，情况出现了变化，火车停了下来。在我们前面，纳粹空军炸毁了桥梁。我们离开车厢，向远瞭望。我们等待着，一小时、两小时、三小时……在大草原的边缘，战斗正在进行着，战况如何，我们猜测不出。一分钟前，黑云能遮盖了太阳；又过了一分钟，阳光从黑云中突破，太阳好像被分割成炽热的碎片。

那天晚上，为了尽量减少受到空袭的机会，我们没有走公路，而是在野外行军。激烈的炮火在视线消失的地方出现，那是大草原的边缘，这让我们感觉到正走向世界的边缘。事实上，战火升起的地方，就是斯大林格勒。

早晨来临了，太阳遮盖住地平线上的红色火焰，但黑红色的云变得越来越浓厚。那场面就像火山爆发了一样，喷涌出浓烟和熔岩。太阳从云层之间喷射出光线时，我们看见一些东西在天上盘旋，就像一大群苍蝇在飞。

我们连长是博利沙波夫一级中尉[1]，他递给我一个望远镜。我拿起望远镜远看，几乎不敢相信自己的眼睛。天上有德国斯图卡式俯冲轰炸机、亨克尔战斗机、Me-109战斗机，这就好像整个德国空军正在城市上空进行列队飞行，堆叠3~4个层厚。德国飞机把携带的炸弹投向下面的城市。俯冲轰炸机向下冲入大火之中，轰炸机下面有像红砖粉末一样的柱子射入空中高达几百米。

我们都感到震惊。显然，我们的同志很难在那里战斗——他们怎么能在像地狱一般的战场上战斗并守住阵地？他们如何呼吸空气？有人能活下来吗？"持续的弹幕式空袭没有能征服斯大林格勒，"博利沙波夫解释

---

[1] Starshiy leytenant：直译是一级中尉（first lieutenant）或高级中尉（senior lieutenant），相当于英国陆军上尉（实际上比英国的上尉略低。——译者注），Starshiy的字面意思是"工头"或"长者"。

道，就好像他能读懂我的思想，"那里就是我们要去的地方，但是，水手们，我们现在必须帮助你们做好战斗准备。"

在接下来的三天里，我们的任务就是接受强化的巷战训练。我们渴望学习。训练中，我们练习使用刺刀、匕首、铁铲；我们学习扔手榴弹、跨越障碍，每个人都知道这些训练是至关紧要的；练习徒手格斗时，我们声嘶力竭地大叫；在格斗最激烈的时候，有人曾直接重击同伴的鼻子。是的，我们连长并非在训练我们逛公园。

博利沙波夫直立坐在地上，两条腿向前伸出，捻弄浓密的红胡子，他的靴子戳进泥里，晒得通红的胳膊搂着膝盖。

博利沙波夫对训练是满意的，这点很容易能看出来。我们的徒手格斗训练效果与预期一致：我们这些水手如今已经习惯在格斗中抓住手榴弹，用力掷向由稻草人装扮的德国人隐现的战壕中。

上尉级政治指导员斯捷潘·克里亚霍夫有些肥胖，看上去就像一个大学生。他与博利沙波夫一起看我们训练。

"面对这样的水兵，德国人没有机会取胜。"博利沙波夫说道。圆脸的克里亚霍夫表示同意。

与此同时，我正在深深的战壕里练习如何用铁铲制服一个拿着手枪的敌人。我的对手是萨沙·乌托夫，他是博利沙波夫的勤务兵。乌托夫的块头很大，其他水兵在战壕堤上观战。不知何故，乌托夫想办法解下了手枪，把一梭子子弹打向我，当然子弹是假的。为了学会这个科目，所有人都要通过战壕，试一试自己的运气。进行第二遍的时候，我们只有少数几个"伤亡"。

在训练最紧张的阶段，一辆参谋部的汽车来到训练场停下，汽车的喇叭上飘着一面三角旗。车内走出一个身材矮小、瘦弱的男人，他的上衣领上镶着一颗深红色菱饰，此人就是我们的指挥员，旅政委康斯坦丁·捷连季耶维奇·祖布科夫。他平静地吸着俄国土产的烟卷，观察着由士兵和水兵围成人圈的中央，那里有两个人正在格斗。

此时，博利沙波夫已经加入训练之中，他正在阻止海军学校学生罗夫诺夫的进攻。显然，这位海军学校学生比一级中尉要强壮，身材比较高，手臂长6英寸。博利沙波夫此时的处境十分困难，但他曾接受培训，也有自卫的知识，所以实际上很难被打败。

博利沙波夫像弹簧一样收缩身段，找机会把体态较大的对手摔倒在地，然后对抗从头再次开始。这很像一次真正的比赛，结局难料。水兵支持海军学校学生，步兵则对水兵无法战胜博利沙波夫有信心。两人又处于格斗之中，双方都抓住对方胸前的衬衫，他们的脸涨得通红。忽然，博利沙波夫踩住海军学校学生长裤的喇叭裤脚，海军学校学生就像被铆钉钉牢一样动弹不得。然后，博利沙波夫用肩猛推罗夫诺夫，罗夫诺夫摔倒在地。

博利沙波夫擦去了前额上的汗水。

"该死的喇叭裤脚，你们有可能为之而丧命。"

博利沙波夫注意到旅政委来了，于是招呼全连集合。

"不要急，兄弟们，"祖布科夫说道，"你们领到军装了吗？"

博利沙波夫想在愤怒的旅政委面前保护我们，但他此时别无选择，只能报告实情。

"首长，这些水兵已经得到军装，但还没有来得及换上。"

所有人等着旅政委的反应。他吸了一口烟，吐出一个烟圈，默默地看着我们。我们都奇怪他在等什么，但没有人敢问。最后，他轻轻拂去烟灰，然后说道："所以，你们很遗憾不能再穿海军的打扮，是不是？"那么，你们的战舰怎么办？战舰是你们的家已经有很长时间了，你们能离开家吗？"

旅政委的脸变得苍白，左手紧抓着皮带。过了一会，他的气色恢复了，开始回答自己提出的问题。

"你们这群雄鹰已经飞出了巢穴，你们已经飞远了，但是你们并没有被忘记。你们过去的同志思念着你们，他们把你们看作太平洋舰队最值得骄傲的儿子送到这里来，你们是英雄主义的化身，是纪律的化身。那么，你们的纪律在哪里？"

我们沉默地站着，心里有些怨恨。但是，我们知道旅政委是正确的。远处的斯大林格勒正在燃烧，黑烟在城市的上空冉冉升起。我们对海魂衫的骄傲是如此顽固，完全不适合当前的紧迫局势。一个小时内，我们都变成红军的步兵。步兵军装很不合身，非常不舒适，但是，我们至少把步兵军装穿在海魂衫的外面。

3

我们登上了卡车，准备启程。科托夫上尉是第2营的营长，一个矮壮的家伙，面色苍白，金发，水汪汪的蓝眼睛。此时，他的两条罗圈腿劈叉似的站着，眼睛紧盯手表。离他不远有一小组士兵，都是各连的通讯员。由于我是机关枪连新任的通讯员，所以我也站在他们中间。通讯员们谈论着科托夫上尉。谁也没有在科托夫手下工作过，不知道他是一位什么样的指挥员。科托夫此时只关心卡车何时能装载完毕，没有时间注意我们。

我们这些通讯员年龄相当，所以大家感觉十分平等。卡车装载完毕后，上尉和一名护士爬进领队的卡车内。我们中没有指挥员，由于我是最资深的军士，我决定尽量发挥一些领导作用。我想做的第一件事，就是把通讯员按各自单位分成小组。

"好，快上车！"我大叫道，"我们上2号车。如果你晚了，你自己要负责。这不是训练，是真的打仗。"

有一名士兵叫普罗尼切夫，他坐在我旁边。他窃笑着说道："领导，你从来没有参加过战斗，可你却在吓唬我们。"他的话让我生气，我的情绪有些激动，非常恼怒。我对普罗尼切夫大叫起来，让他快点坐好。

我和普罗尼切夫坐在全车最不好的座位上，紧挨着卡车的后门，卡车在路上掀起的红色尘土落在我们身上。我仍然气鼓鼓的，我恨德国人，烦普罗尼切夫，而且特别烦我是通讯员这一事实。那一刻，我烦整个世界。普罗尼切夫清了清喉咙。

"你看，领导，"他说，"别让事情变走样。" 普罗尼切夫是西伯利亚人，曾在符拉迪沃斯托克附近集体农场里工作。他是一个典型的农村男孩，有一个大喉结，那喉结在他说话时一起一落，非常明显。"我不想让你烦恼，"他说，"我只是不喜欢看到别人谈论他们本不知道的事。例如，我的专业是开拖拉机，如果我教人开飞机，那难道不是一件愚蠢的事吗？至于我们的工作……让我告诉你做通讯员是怎么一回事。一切都处于混乱之中；每件事都是颠倒的；你不知道别人的名字；你不知道自己在哪一边，敌人在哪一边。通讯员应该做什么？你应该向哪个方向跑？你的部队撤退时，这意味着每个人都一起撤走，士兵们相互帮助退到安全地带……但是，通讯员永远是孤独的。"

路上的尘土使普罗尼切夫的声音变得刺耳。他清了清喉咙继续说道："例如，在卡斯托尔诺耶之战中，我带着团指挥官的命令穿越一片森林传递给第2营。我成功地把命令带到了。我折返时，一些德国摩托车兵切断了我的道路。感谢上帝，在他们发现我之前，我先发现了他们。我应该怎么办？我向他们行进的道路上扔了几个手榴弹，把他们炸飞了。但是，我不能祝贺自己，我有更多的信息要送，那就是我们的工作。在战斗中，你需要成为自己的指挥员。"

我一言不发。我能说什么呢？我是一个生手，从来没有参加过战斗，竟然愚蠢地去贬低通讯员的工作。实际上，通讯员工作既关键又危险。

*

现在，法西斯分子入侵我们的国家，斯大林格勒在我眼前被炸成碎片，我的耳边回响起普罗尼切夫的话："……战斗中，通讯员是自己的指挥官。"我唯一要做的是忠诚地、诚实地执行指挥官的意志。否则，胜利是无法想象的。

我们的纵队驶离了乡村公路，在大草地里行进了近半个小时，经过了静悄悄的沼泽和众多的小湖泊。天气如此热，这在9月份并不多见，我们这些浑身尘土的士兵此时最想做的事莫过于跳下湖中游泳，但当天的任务之中没有游泳这一项。

忽然，领队的车发出警报，所有的卡车都疏散开来。士兵们赶紧用网和树枝伪装好车。天上没有情况，原来是一场虚惊。但是，此地确实是危险地区，我们很快卸载了装备，并将装备分配完毕。

现在，每个人都很紧张。我们分成三列纵队，出发上路。天已晚，气温也不算高了，我们也不如白天那样饥渴。空气中充满了爆炸气味，有浓烟味、无烟火药味，我们还嗅到一种十分讨厌的气味，是人体烧焦后发出的使人作呕的气味。

我们离开公路，在树林里沿着牛走出的痕迹行军。突然，大量身穿平民服装的老人、妇女、儿童从灌木丛后涌现出来。他们身上有绷带，浑身泥土，几乎无法行走。他们是从斯大林格勒撤下来的平民，希望能找到一所医院。我们这些还没有看见战争恐怖的水兵，满怀悲痛地看着他们。我们在森林的边缘隐藏起来，从此处能看见斯大林格勒。伏尔加河在我们与城市之间。我们听得见大炮声和机关枪声。德国人的飞机比我们以前看见的更靠近，正在无情地轰炸工业区。

伤员从我们面前通过。我们想询问一下战场上的情况，但他们的样子已经说明了一切。他们像失了魂的僵尸一样行走，呻吟着，叹息着。有一个军士长，官阶与我一样，他的头部和左臂缠着绷带，衬衣布满已经风干了的血渍，左臂有吊带，一颗子弹打坏了他的海军皮带扣。

他向我们要烟抽，我们给了他一根。他在一棵树下坐定抽烟，看上去疲惫不堪。他看到我们的徽章，知道我们是从太平洋舰队来的。

"你们之中有人知道萨沙·列别杰夫吗？他是我的兄弟。"

"我们有一个叫那个名字的人。"沃克林·瓦西里琴科回答道。

那受伤的水兵说："也许仅是同名同姓而已。"显然，这位受伤的水兵不想抱很大希望，免得最后失望更大。

"我们的萨沙会手风琴，他的嗓子非常好。"沃克林说道。

"那就是他。"受伤的水兵气喘吁吁地说。此时，他已经非常虚弱，但他挣扎着要拖着脚步走。我们有三个士兵跑去找萨沙。

在法西斯攻入斯大林格勒之前，伊万·列别杰夫在北方舰队服役，服役地是摩尔曼斯克。他的兄弟萨沙则在太平洋舰队服役。他俩都出生在斯大林格勒。纳粹逼近斯大林格勒的时候，他俩都要求调动到斯大林格勒前线。这才有刚才的交谈……

"伊万·列别杰夫同志，"沃克林大叫道，"你看谁来了！"

萨沙向我们这个方向跑来，他俩拥抱在一起。伊万用颤栗的声音说："看看敌人做了些什么……我甚至竟然不能拥抱我的兄弟。"

伊万举起他有绑带的胳膊。我们看清了，他的左手和左前臂都没有了。我们围拢在他俩周围。"城市里的情况如何？"沃克林问道。

"战斗非常艰难，但我们守住了。"伊万·列别杰夫看着围拢在他周围的水兵说，"兄弟们，我们要坚守到最后，我们要熬过这一关，一点都不含糊。不要担忧我的胳膊，我们要让德国人付出代价！"

他再次瘫坐在地上，好像耗尽了所有精力。

"我们的位置在'红十月'工厂附近，"他接着说，"我们争夺每一条街道、每一间房子。所有东西都在燃烧，因为德国人用火焰喷射器。燃烧的灰烬就像下雨一样落得到处都是，能落入你的领口，把衣服烧着。有些地方连呼吸都是危险的。"由于伊万·列别杰夫受伤的胳膊碰到了树，他向后缩了一下。然后，他继续说："我看到一个德国军官拔出手枪，瞄准了我们的指挥员。我扑向那个德国人，他开枪了，打中了我的胳膊，但我最终用匕首杀死了他。在我杀死德国军官后，德国兵乱了，我们发起冲锋，把德国人击退。"

伊万·列别杰夫陷入沉默之中。他说的让我们感到自己就在战斗现场，正跟他们一起并肩战斗。我没有注意到旅政委祖布科夫也在场。他靠着一棵树，与我们一道认真地听伊万·列别杰夫讲故事。然后他握起列别杰夫的手。

"列别杰夫同志，谢谢你讲的故事。你让这些志愿兵知道了战场上的实际情况。"

旅政委注意到我们之中的有些人脱下陆军制服，穿着自己偏爱的海魂衫。博利沙波夫中尉赶紧为我们解释。

"旅政委同志，天黑前，他们是陆军。现在，他们已经恢复成海军了。"

旅政委沉思了少许："古时候，苏联士兵穿着新衣服上战场。让他们随便穿吧。"

我们走下伏尔加河的大堤，在水边温暖的沙滩上躺下来。此时，河对岸的战斗似乎已经精疲力竭，战场安静下来，就像往昔秋天的晚上。伏尔加河水奔流着，洗刷着岸边的小石头，小鹅卵石发出"沙沙"声，就好像正在相互说着悄悄话。

这幻想很快就被马马耶夫岗方向喷射出的大口径机关枪子弹流击碎了。我们看着曳光弹流跌入河中央。

"不必担忧，我们在射程之外。"沃克林·瓦西里琴科说道。

在我们停泊地的对岸，双方正在交火。在汽油罐的附近，有冲锋枪的射击声，这些武器敲打出一个固定的旋律。与此同时，从油罐之间的缝隙中，你能感觉到炸弹爆炸产生的大地震撼。

在我们的头顶上，德国人的夜间轰炸机正在发出隆隆的响声。这些轰炸机想炸停泊地，大部分炸弹落入河中，每次爆炸都把一股热流吹向我们。这个形势对战士很不利，称得上是战士最坏的噩梦：受到攻击却无法还击。

沃克林·瓦西里琴科无法保持平静，他翻来覆去，发着牢骚："我们在这里等什么？我们应该趁着天黑马上过河！如果等到天亮了，我们就成了易被击中的目标！"

博利沙波夫一级中尉无意中听到这些话，回答道："一旦支援部队到达，我们就过河。你急什么？"

我们无言地忍耐着烦躁。这座城市简直就是燃烧着硫磺的地狱，城市里的建筑就如同烧得通红的煤炭，大火吞噬着人和机器。火光中有人影在跑动。是敌人？是朋友？我们之中没有人知道。

隶属于第2营的马车队走进我们。由于大车装载过重，陷入沙地中。马匹极度劳累，带着缰绳瘫倒在地上，疲惫得无力摆脱大车的负担。机关枪连跟了过来，士兵们帮助把大车从沙地里拖出来，马车继续向我们的停泊地前进。

一艘拖轮拖着一艘驳船，驳船摇晃跟在后面。那驳船的船体已经被严重破坏。

我们迅速把马车上的货物转载到驳船上。机关枪手赶紧准备他们的武器，驳船的中央堆积着弹药箱，一旦驳船到岸，机关枪可以随时进入战斗。

一名军士正向货舱里放箱子，货舱里却都是水。箱子里都是来自美国的罐头食品。食品是第二战场，这话不假。士兵们笑着对军士说："军士长，你在干吗？第二战场将在此沉没了！"

驳船的头部和尾部都安装了手动抽水机，水手们忙着把水从驳船里抽走，因为这艘驳船头尾都漏水。驳船有许多窟窿，如果不持续地抽水，它早就沉没了。甲板下，水手正在向窟窿填铅堵漏，水手的锤子声就好像在合唱。待我们装载完成，锤子声也停止了，为的是能维持安静无声的航行。

拖轮的马达响了，声音低沉。拖轮晃动起来，拖曳缆拉紧了，驳船吱吱作响，哆哆嗦嗦地向前运动，就好像一匹疲惫的老马。细微的波浪向我们身后流去，轻轻拍打着驳船的铁壳，在一片"唰唰"声中消散。你可以听见左舷和右舷都有摇橹的微弱声响，那是水手们正向对岸摆渡人员和设备。

那天晚上，水手的好运气一直伴随着我们。渡河过程没有发生任何故障。从太平洋舰队来的水兵都渡过了伏尔加河，向着被大火烧毁的斯大林格勒前进。

这发生在1942年9月22日的晚上。

第一次战斗

拖轮滑上对岸的沙滩，马达在转完最后一圈后堕入沉寂，河水则仍然不断涌上船尾。我们成功了——抵达了期待已久的伏尔加河左岸。

突然，一颗照明弹在头顶闪现，产生耀眼白光，我们的钢盔在白光下发出反光。我们都被吓愣了，张口结舌，面面相觑，等着德国人向我们猛烈射击。幸运的是，什么都没有发生，照明弹的闪光过去了，河岸又恢复了生命的迹象。早晨5点钟，我们步兵第284师渡过了伏尔加河。

*

我仍然不理解为什么德国人没有在我们横渡伏尔加河时开枪开炮。也许是因为那天晚上夜色太黑的缘故，也许是因为我们在那天晚上小心翼翼没有任何不必要的声响，从而没有暴露行踪，也许是因为德国人认为我们已经放弃派兵增援。还有一个更有可能的原因，德国人在那天晚上没有派人站岗，他们误认为斯大林格勒的红军已经崩溃，判断城市里只有少数处于孤立状态的小股苏军。纳粹一定以为剩下唯一要做的事就是几次歼灭行动，斯大林格勒的红军就此完蛋了。总之，我们不清楚具体原因。但是，事实是我们师在没有任何伤亡的情况下成功渡过了河。

毫无疑问，我们将马上进入战斗。我们水兵将面临一次战争的洗礼，不是在海里，而是在一座被战火摧毁的陆地城市里。谁将打前锋？谁能活着看到战争结果？我根本不关心战争结果。我不断对自己说，即使可怕的死亡就在眼前，我也坚决不后撤。我确信我的太平洋舰队同志们与我有一样的想法。

就在这些念头在我脑海里翻腾的时候，我回想起发生在符拉迪沃斯托克的一件事，无线电新闻广播报传来一条消息："我们的军队已经放弃塞瓦斯托布尔……"这条令人沮丧的消息播出时，我正好在银行提取1942年5月的薪金，我当时站在银行柜台前等待着，忽听到身背后传来严厉的谴责之声，其严厉程度比有关塞瓦斯托布尔的新闻更让人难以忍受，发表谴责的是一个银行老职员，他说话前先干咳了一阵，接着说道："我想说，有一点头脑的妇女都能从银行取钱；现在到了召唤穿着喇叭裤的假男人上前线的时候了，这就有一位这样的假男人……"

"卢加·叶戈罗维奇，你说对了。"费德亚大叔以相似的口气打趣道，费德亚大叔是银行锅炉室的机械师。

"例如，可以征召我去。"费德亚继续说，"我现在做两份工作，在我日常工作之外，我还肩负着维修整个浴室的工作，如果领导说，费德亚，命令你单脚跳着去银行，为全体职员取薪金支票，这样的任务能有什么困难吗？不应该让那些游手好闲的人只干适合妇女干的工作，我想说……"

也就是从这个时刻起，我的感情受到伤害，无法继续在一个远离前线的安全城市里工作，回到基地后，我感到有必要把手里的卢布以简单的方式扔掉，从而以接受刑罚的方式去前线，后来，我真的去了前线，但实际情况有所不同，我当时正好遇见基地的指挥官尼古拉耶夫，他通知我替代我工作的人找到了，基地的领导同意共青团志愿者上前线。

我激动得几乎晕过去，感觉到喘不出气，指挥官咧嘴对我笑，拿出一包贝尔默斯牌香烟，递给我一支。

"我嫉妒你和你的共青团朋友们。"指挥官坦白地说，他是一个天生神经质的人，对一些小事看得非常重，他常常整夜工作不睡觉，他脸上有一条长长的疤痕，从前额一直延伸到面颊，他的忧虑使那疤痕在衰老的皮肤上十分明显。

"我已经4次提出上前线的申请。"尼古拉耶夫说，"最后一次我屈服了，因为军事委员会[1]给了回话。"指挥官拿出一份印着公章的信给我看，信上写着：

"请向尼古拉耶夫同志解释，他需要理解我们并非在度假，我们在符拉迪沃斯托克有使命要完成，如果他不能理解，可以在下次全体会议上再讨论，如果有必要，可以开除出党，撤销其领导权。"

尼古拉耶夫知道申请上前线一事不能再提了，军事委员会的决定是最终决定，他有18年的服役经验，他当时的年龄与我父亲年龄相仿，与我父亲一样，他也对自己的军队生涯不满意，我父亲由于负伤而离开战场，从而没有能参加革命战争，现在，尼古拉耶夫由于境况不合适而无法上阵，从而无法满足自己参加激战的欲望。

---

[1] 军事委员会：苏联军事委员会在不同的方面是高级党政官员和高级军队指挥员的混合体，这些军事委员会在其所控制的地区有无限权力，他们的决策只有莫斯科可以推翻。

作为指挥官，尼古拉耶夫给了我许多如何适应战场的建议：最重要的是不能失去勇气，永远处于警觉状态，我是志愿者中年龄最长的，所以我被任命为水兵小分队的队长，隶属于太平洋海军陆战营。

替代我的人一直都没有出现，等待的时间显得漫长，我按秒数时间，我花费了一整夜的时间把我们单位的账本整理出一份完整的财务报告，以便能交给我的替代者，第二天早晨，我走到大海边。

黎明前的大海异常美丽，一开始，天空出现一颗很难注意到的亮点，那就是启明星，太阳的指路之星，启明星就像老鼠的眼睛一样小，但它在黎明时分异常光亮，能照亮周围的一切，这不是一颗普通的星；它是太阳行动前的侦察员，等到启明星一闪亮，太阳马上就要出来了。

那天早晨，我觉得启明星仿佛就是好运气的象征，太阳升起了，花朵、树木、鸟儿都在歌唱，牲畜在吃草，和平安宁，我看到的所有生命都处于面向太阳的喜悦之中，当然，我也感到喜悦，怎么可能不喜悦呢？明天，我就要出发，为祖国去前线战斗！

我在寒冷的海水中游了一会泳，然而回到营房，此时，所有人都知道了将会有一个20人组成的共青团小分队上前线参加战斗，我也包括在其中，离别的时间到了，同志们以太平洋舰队的方式给我们送行。

*

现在，我们已经到达斯大林格勒，地处伏尔加河的左岸，启明星还是我们这些从符拉迪沃斯托克来的水兵的幸运之星吗？在伏尔加河的天上，你看不到启明星，因为大草原天上的星星与太平洋天上的星星完全不一样。

我们从驳船上登陆，等待作战命令。在作战命令到达前，我们留在停泊地原地不动。几小时过去了。本来，水兵看一下天空就能知道时间，但如今不行了，此时的天空布满浓厚的烟。

军官们看上去战战兢兢的，这让我们更加紧张。显然，我们随时都有可能上战场。但是，敌人在哪里？敌人的前线在哪里？好像没有人想知道这些。我们营的指挥官科托夫上尉好像从来没有想到要派侦察兵。他俯卧在我旁边，一级中尉博利沙波夫在我的另一边。

随着太阳升起，远处物体变得清晰可见，城市工业区轮廓逐渐显现。我们能看见左手边巨大的储油罐。储油罐的后面是什么，谁在哪里？储油罐外面是一个铁路停车场地，散布着一些空车厢，只有上帝知道谁躲在那里。几分钟后，德国侦察兵发现了我们，他们调动迫击炮轰击我们的位置。之后，德军的Me-109在我们头顶盘旋，投下燃烧弹，产生了一阵阵强烈震荡，每次震荡都使我们的牙齿打颤。我们的队伍出现混乱，水兵们前后乱跑，不知该如何应付。

我与科托夫、博利沙波夫跳入一个深深的弹坑，紧紧趴在地上等待轰炸减弱。四周充满了伤员的呻吟和恳求声。一名通讯员跳到我们身边，他说副师长被炸死了。这真是可怕，形势不能再坏了。

就在这个时候，我们听到"嗖、嗖、嗖"的声响，原来是我们"喀秋莎"火箭炮从河对岸发射了。太好了，太及时了！我们看见喀秋莎火箭炮正在摧毁德国人的迫击炮阵地，每次齐射落到地面后，德国人就被炸到天上。黄色的硝烟升起，整个人和破碎的肢体就被掀起到天空中，场面十分惊人。

博利沙波夫跳起来，举起他的手枪，大叫道："为了祖国！"他向储油罐冲过去，那里德国人的机关枪已经占据了有利地形。

我记不清当时什么催促着我，只觉得脚下好像有弹簧似的，跟着博利沙波夫向前冲，我要求水兵兄弟们跟着我。我们的队列本来已经出现混乱，突然又集中起来。每个人都迅速行动，我们的恐惧和犹豫被彻底根除了。集体冲锋使所有人变得勇敢，即使是胆小的人也变得胆大。

德国人从左手方向用机关枪向我们射击，他们把机关枪伪装得很好，位置在河岸的废墟上。冲锋的水兵跌倒在地，冲锋停滞下来。

博利沙波夫命令我尽快跑到建筑物的废墟中，用手榴弹消灭机关枪。我毫不犹豫立刻服从他的命令。敌人的射击从我身旁划过，我很幸运没有受伤。德国人的机关枪刚被打哑，我们水兵又开始发动进攻。

德国人看见了我们，意识到我们正逼近他们在储油罐附近的侧翼，于是他们再次调来炮火轰击，德国空军也发动空袭协助炮兵。德国人的燃烧弹点燃大火，储油罐开始爆炸，燃烧的油料像雨一样淋洒下来。我们头顶上出现巨大的火舌，一边跳舞，一边发出震耳欲聋的声响。只需一分钟，我们就有可能变成熟肉。

卷入火焰的士兵和水兵撕掉燃烧的衣服，没有一个人停止进攻，没有一个人放弃武器。发动进攻的人，裸露着烟熏火燎的身体，德国人看到这些会如何想，我只能猜测。也许，他们把我们视为魔鬼，或者是烈火都阻止不了的圣徒。这能解释为什么德国人放弃阵地，像兔子一样头也不回地逃跑了。我们在储油罐附近的街区把他们打败，他们一直撤退到城市的西区才停止。

我们隐蔽在街边独立的小屋里。有人掷给我一块防水布让我覆盖身体。我们围站在一起，大部分裸露着，有些人覆盖着防水布，大家等待着新军服。一群裸露的苏联士兵刚刚经历过战火的洗礼。

*

我们的指挥官梅捷列夫命令向3个目标开火：地处河岸一带的金属加工

厂、城市的冷冻库、马马耶夫岗（那里曾经是墓地）。在河岸一带，我们与来自罗季姆采夫的第13近卫步兵师的一个机关枪连取得联系。这个连在城市中心的战斗中伤亡惨重。

德国飞机继续在我们头顶盘旋，一些Me-109正在打击"红十月"工厂和马马耶夫岗的北坡。他们也对其他目标使用了燃烧弹，有些地方燃起大火。空气变得异常热，灼热的温度使我们的嘴唇破裂，我们的嘴变干了，有些人的头发融合形成一团，梳子也无法将之分开。

我们营长科托夫上尉因我们首战告捷而高兴，储油罐拿下了，我们现在占据着附近一栋未建完的红砖屋子。金属加工厂的办公楼也被我们占领了，在厂区里，我们正在争夺巨大的车间和附近的沥青厂。

指挥官给了我们一些短暂的休息时间。我向周围看，所有方向都是燃烧的景象。住宅区、金属加工厂、沥青厂和远处的拖拉机厂升起火焰。

在我头顶上，一个高高的浓烟柱耸立着，它无声地沿着河岸向西移动，像一面黑色的幕布，包围了马马耶夫岗，彻底掩盖了岗上的战斗。浓烟甚至低沉至地面，爬进建筑物，钻进地下室，弥漫到战壕中，挤走可以呼吸的空气。天下小雨了，浓烟飘过雨丝，向伏尔加河飘去。

德国人的飞机继续轰炸。一开始，我们躲在废墟中，有许多弹坑能躲，石头墙底部也能躲。但是这两种躲藏地无法提供足够的保护，于是我们跑到最远的厂房里，躲藏在压榨机、车床的工作台底下。轰炸和炮击一停止，我们立刻恢复进攻。肉搏出现了，几百人进行致命的搏斗。我看见周围的水兵与德国人格斗。突然，一个德国大个子士兵压住了我，他用枪托打我。我有福气，那一击从我的钢盔滑走了，没有击中我的脸。

我们在河对岸训练就是为了此时做准备。我闪到他的身后，用胳膊勒住他的脖子使他窒息，而他则狂乱地转圈想把我摇晃掉，就像一头水牛试图把背上的老虎驱逐走。最后，那德国人停止搏斗，我闻到一股恶臭：他死的时候拉出了屎。敌人崩溃了，之后是战斗间隙的平静。我们检查了金属加工厂，到处是砖堆和扭曲的金属。

突然，我看到一个小女孩，非常瘦，虚弱的腿上有伤，流着血。她穿着一件磨破了的蓝衣服，衣服太大而不合适。她光着脚，脚上穿着一双小红靴子，像她的衣服一样也撕破了。她走到伤员前面，带着伤员通过一个河岸的堤坡前往我们的救助点。一发炮弹在附近爆炸，碎片和杂物像下雨一样落在伤员身上。纳粹带爆炸性的子弹呼啸而至。德国人竟然把我们的伤员当作目标！但是，那小女孩漠视危险，继续带领伤员前进。为了掩护那小女孩，我向着法西斯分子的方向猛扫了整整一弹匣的冲锋枪子弹。只要我活着，我就能记忆起那小女孩的勇敢。博利沙波夫大声表达自己的诧异，那个小女孩如何知道有一条路能从我们的防线通向救助点？如果德国知道了这条路，会不会从背后发动偷袭？博利沙波夫命令我和萨沙·乌托夫去看一看这条路到底通向何方，看一看法西斯分子是否能利用这条路渗透至我们的防线。

我们带着冲锋枪和几个手榴弹，钻入废墟中。我在前，乌托夫在后，他用手电照亮道路。我们在废墟中跌跌撞撞地前进，在弯曲了的躲避钢梁下躲避。我们走近一扇大铁门，打开铁门，一股强烈的煤油气味立刻扑面而来，而且还有其他一些难以辨别的恶臭。

乌托夫用他的衬衫捂住了他的脸。

"哟！"他说道，"你可以在上面挂个斧头！"[1]

我们走过一条长长的窄通道，右边又是一个门。我们听见门那面有人说话和呻吟。他们是谁，是敌人？是我们的人？我们用力推门，门推不

---

[1]　一句俄罗斯谚语，形容坏的、很臭的东西，类似于英语中的"你可以用刀子切了它"。

开。门从里面锁住了。乌托夫把耳朵靠近钥匙孔细听。他说："好像是俄语。"接着，他连续重击那门。在如此封闭的空间里，他的敲门声就如同加农炮声。

那门后有人用低沉的声音问道："你们是谁?"

我听出那声音是尼古拉·库罗佩。

我说道："我们是瓦西里和乌托夫!"

似乎等了好几分钟里面都没有反应。此时，大地不断颤抖，德国人的轰炸还在继续着。最后，我们听到门闩的声音，那扇门打开了，我们面前站着一个半裸的男人。他的脸和胸有烧伤，左胳膊用衣服挂在脖子上。他就是我们海军的弟兄尼古拉·库罗佩，前任洗衣工，现任簿记员。他嗓门大，爱说笑话。

地下室里一共有19位伤员；尼古拉·库罗佩受伤最轻。伤员都已经接受了初步救治，护士克拉娃·斯万佐娃和两个助理正在照顾伤员。但是，伤员必须立即撤退到伏尔加河对岸真正的医院里。

后来，我们发现从这个地下室有一条隐蔽的道路能直达伏尔加河——首先走过一段像迷宫一样的废墟，接着走过由一些独立的房子构成的小区，最后就能到河岸坡堤下面了。那里与渡船停泊地之间只有扔一块石头的距离。医务人员此前一直使用这条通道，但是，自从德国人占领了工厂的车间后，这条通道就被切断了。

上面，有纳粹；下面，潮湿、发霉的地下室，有我们的伤员。

"这真是一个完美的邻居关系!"尼古拉说着俏皮话。虽然他有烧伤在身，却仍然有开玩笑的精神。"鸡窝里的狐狸!如果我们找到一条路，把德国人从楼上赶走，我们才能移动这些伤员……"

萨沙·乌托夫叫我去看他发现了什么。这是一段矩形输送管，有2码宽，高度是5英尺。我的身高是5英尺3英寸，所以我只需稍微低头就能走过它。里面的空气新鲜，呼吸便利，甚至能感觉到微弱的气流。我走入黑洞洞的通道，用左手抓住一条从头顶垂下来的粗辫状电缆，右手紧握手枪的托。突然，电缆垂直向上而去，再走了15英尺后，我撞在一面砖墙上。我四处摸索，发现一段木楼梯。走了4级台阶，出现一个出口——一个铁板覆盖的方形出口。铁板裂缝处有光线射进来。从这个有利位置，我能听到上面的枪炮声：有机关枪在急促射击，还有炮弹爆炸声。我内心有许多疑问：我的位置到底在哪里？何时才能走出这个通道？我决定四处看看，试着用肩膀移动一下铁板。那铁板纹丝不动，好像是被焊上了。

萨沙·乌托夫在背后叫我，他就像一头想挤过通道的大笨熊，气喘吁吁，呼吸困难。我俩用肩支撑着铁板，准备把它挤开，就在此时，两发炮弹，一个接着一个连续在附近爆炸。我和萨沙面面相觑，我的耳朵嗡嗡作响。我们等待了一会，没听见上面再有声音。

我咕哝道"一、二、三"，我俩一起推，铁板移动了，发出尖锐的声音，很有可能我们暴露了。然而，我们还算走运，那声音没有引来炮火。我们成功地打开了一个缺口，但缺口很小，只有我能钻过去。乌托夫的身材比开口大好几倍，他钻不过去。

我像鼹鼠一样把头伸出来，四处张望。这是机器车间的储藏室；我周围的架子上摆满了各种装置和工具。我还能看见旁边一个装配车间里的情况：里面都是德国人，大约有一个连，他们正在吃午饭，手里拿着罐头和热水瓶。一个厨师从战地厨房抬出一锅炖肉，拿着长柄勺分炖肉。德国人显得很轻松，就好像在慕尼黑或科隆的大厅里。他们对我毫无知觉，而我这个苏联士兵此时正在像清点山羊的数目那样清点他们人数有多少。

我粗略地画下德国人的位置、射击点、窗户、可能的逃跑路线。我把画出的图交给乌托夫，让他跑回去见博利沙波夫，而我要监视德国人的一举一动。

一张小纸条翩然落入我的手中，上面用俄文写着"传递"。纸条的背面写着德文字，我看不懂。后来，经翻译后，我才知道德文说："士兵们，赶快放下武器，去战俘营，那里有拿着这张票投降的所有德国士兵和军官。"

在接下来的20分钟里，我看着他们吃午饭。我数了数他们的人数，一共有65人。吃完饭，我听见有打火机的声音，有人要吸烟。

两个德国人走到我所处的车间角落，我把头低下。他们在谈话，抽着烟，大笑着。他们离我很近，我能从他们的呼吸中闻到卷心菜炖肉味。我以为他们一定能注意到被扳弯的铁板，但他们沉浸在交谈中，没有注意到周围的情况，这令我感到幸运。他们说着私密的笑话。我偷偷看了他们一眼，他们体形高大，样子亲切，满脸傲慢的表情，那一种征服者的傲慢。

乌托夫现在到底在哪里？纳粹正毫无戒备地在我面前晃悠，而乌托夫却还是无影无踪。我不知道他是否把信件带回连长那里。我幻想着他肥胖的身体卡在通风道中，此时仍然被卡着不能动。

就在我想这些事的时候，建筑物的对面传来一些声响，德国人大叫着跑过去。我知道了，这些声响是故意的。同志们从临近的地下室溜进工具储藏室，故意制造出的声响分散德国人的注意力。

我听见博利沙波夫发出命令的声音，手榴弹被抛入纳粹的临时餐厅。我数了一下，几秒钟里有30多次爆炸。我旁边的那两个德国人想隐藏起来，我把一颗手榴弹扔到他们脚下。当他们注意到有一颗手榴弹顺着地板滚过去时，他们向我隐蔽的方向张望，我的眼光和他们的眼光相遇了。现在，他们看到了手榴弹，他们脸上失去了刚才的傲慢。

　　我躲藏起来，听到爆炸声和他们的尖叫声，听到机关枪子弹流上上下下扫射产生的跳弹声。不到2分钟，没有一个德国人还能喘气。

　　那天晚上，我们扫荡了厂区里的德国人。

　　德国人仍然占领着沥青厂、金属加工厂的西北部分、变压器室、部分锅炉房。此外，德国人仍然占据着环绕在马马耶夫岗北麓一座桥梁和一段铁路防护堤。

　　我们打扫了战场，把躲藏在地下室的伤员运出来，帮助护士克拉娃·斯万佐娃建立了一个野战医院。此后，我们把伤员送至伏尔加河码头。

　　至此，我的第一次战斗结束了，更准确地说，结束了我在斯大林格勒第一天的战斗。

活 埋

从 9月23日至9月29日，在这一整周里，纳粹每天要对金属加工厂发动5到6次全面进攻。工厂某些部分每天几易其手，德国人早晨占据，我们下午夺回来，德国人晚上再抢回去。

战斗有几天非常艰苦，在那几天里，德国人占据了马马耶夫岗顶部一个易守难攻的位置，并在那里建立了一个观察哨所。德国人从这个哨所能看见我们摆渡的情况，然后指引炮火随意对我们的摆渡船只进行轰击。

占据了马马耶夫岗，德国人能监控到所有通往金属加工厂办公楼的道路。此外，离我掩体大约100米远的地方有一个塔楼，德国炮火观察员就在这个塔楼上，我们掩体入口也在他们的射程之内。

星期一，早晨8点钟，炮轰开始了。炮弹在我们掩体附近爆炸，掩体上面的东西都被炸成碎片。电车线路旁边的树木被烧成僵直的木炭柱，铁轨被爆炸冲击波掀出地面，搅在一起成了铁球。电车的车厢没有了窗户和门，横七竖八地躺着，就像被小孩子玩坏的玩具。在电车场里，到处是缠结在一起的铁轨，你还能看见钢盔、空弹药筒、装弹药的柳条箱、防护面罩、医药包。尸体半掩在泥土之中，难分敌我[1]。

我几乎无法关注周围的这一切，心中只有一个目标——安全地回到我的掩体中，好好睡一觉。我几乎昏倒，就像漫步走入这噩梦般境界的夜游者。我好像走进了自己的掩体，耳朵听见大炮发出的沉闷声响，德国人又开始轰击我们的阵地了。人类正在对地球施暴，大地在疼痛中呻吟着。

我疲惫不堪，不得不依靠在掩体壁上。后来，我蹲坐下来，向后倚靠着，睡魔制服了我。睡魔的力量是多么强大呀——只要它把你带走，无论是拳头或炮击声都不能把你招呼回来。我爬到掩体的中心，感到我身下有东西很柔软。炮弹的爆炸震撼着掩体，但爆炸没有引起我的注意。我梦见一列从符拉迪沃斯托克出发的火车，那爆炸声就如同火车在铁轨上摇晃而发出的声响。

*

列车好像到了鄂木茨克附近，指挥官让我去他的车厢里。一个长椅子上坐着一个年轻妇女，我在她身边坐下，她对我微笑。这个穿制服的美丽女人，翻领上有4颗三角形，这说明她是一个护士。列车摇晃着把我们推向一起，我能感觉到她温暖的肩膀正贴着我的肩膀，真令人享受——我能看出那护士也很享受。她有一双深邃的蓝眼睛，就像高山上的湖泊，她温柔的凝视打动了我的心田。

与此同时，指挥官在车厢里走来走去，发表着有关这次危险任务他自己的武断意见。"如果我们不派卫兵，敌人能让我们的火车脱轨，"他说

---

[1] 在战役初期，德国人具有巨大的航空兵和炮兵优势。为应对这一挑战，红军尽可能接近德军前线，甚至将他们的战壕挖到德军阵地附近，所以德国人无法在不伤及己方军队的情况下，用航空兵或炮兵打击苏联军队。

道，"为了避免这个危险，不允许任何没有授权的人进入车厢。你可以让铁路人员来清扫车厢或提供食物，但是必须监视他们的活动……"指挥官认为，德国破坏分子有可能打扮成士兵或铁路员工的样子袭击我们。

火车到站了，我们离开座位。我站起来，让年轻女士先走。站台上到处是士兵，十分拥挤，我拉着她的手大步穿越站台。然后，我向她介绍自己，她告诉我她的名字是玛丽亚·洛斯库托娃，但大家都叫她玛莎。

她接着说："我叫你瓦夏。很高兴认识你瓦夏。"

我笑了。"苏联有一百万个瓦夏。"我说道。

"对。"她回答道，"但你是我遇到的第一个叫瓦西里的水手，我觉得你的名字能给我带来运气。让我们发誓在战场上相互帮助，就像兄弟姐妹一样。"

我想看穿她那双深邃的蓝眼睛，心里琢磨道："为什么这美人需要我做兄弟？"但是，我以水手的名义向她保证，一定会照顾她，保护她，就像对我自己的亲妹妹一样。她答应我，在战争结束前，会像服从亲哥哥那样服从我。

说完了这些话，我们回到列车上。列车的刹车闸在铁轨上发出尖叫声。就在这个时刻，我心烦意乱，半醒不醒，与玛丽亚·洛斯库托娃见面的梦不见了。此时，我身处黑暗之中，旁边有几个正在睡觉的家伙，但是，我觉得那梦实在太美好了，于是把自己再次推向梦境，回到美梦给我的精神喜悦之中。我觉得很奇怪，在我打盹的时候，竟然旁边人没有出鼾声。梦境又回来了，带着惊人的连续性。

我们又到了一站，我的朋友科利亚的食指指甲被车门掀掉了，我和水兵尼古拉·斯塔罗斯钦被派遣送科利亚去医务车厢。我不想丧失与玛丽亚·洛斯库托娃见面的机会，因为我知道她正好在履行医务救助的责任。

列车在信号站前停住了，我和科利亚、尼古拉一起跳下列车，沿着铁轨向后跑，要上第15节车厢。第15节车厢是列车上唯一有包厢的车厢，上面有师部、诊疗室、外科手术室。

当我们三个人跳上第15节车厢的踏板时，列车已经开始加速了。车门挡住了我们，尼古拉·斯塔罗斯钦开始敲门。最初，没有人回应，过后，执勤的卫兵严厉地向我们摆手。无奈，科利亚指着他流血的手指，并大声告诉卫兵是指挥官命令来包扎的，此后，卫兵才给我们开门。

当我们达到救助站，尼古拉·斯塔罗斯钦又开始敲门。尼古拉与我一样，彻底地爱上了玛莎。

"护士，我们这儿有一个受伤的水兵！"他叫喊道。

包厢的门打开了，玛莎从一个块深绿色的布帘后面走出来。

她看上去容光焕发，我们这些水兵，你看我，我看你，咧着大嘴笑了。她当然知道如何应付，立刻集中精力治疗科利亚受伤的手。

"坐下，"她说，"我去准备一块新纱布。"

科利亚在一个金属桌前坐下，我和尼古拉躲在诊疗站门后。

玛莎穿上白色的长袍，戴着白色的护士帽，她的美丽让我俩大饱眼福。即使她穿着古板的制服，她身材的曲线却藏匿不住。她给科利亚缠绷带的样子，在褪色的玻璃窗里看，就像是一个圣女。我俩的眼睛被粘在她身上，扯也扯不下来。

玛莎打开笔记本，问科利亚的名字。至此，科利亚爱这个女孩的程度已经与我和尼古拉不相上下。

"我可以告诉你，但你需要先告诉我你的名字。"科利亚说道。

玛莎恼怒了。

"你们这些水兵都一样！"她的声音变得严厉起来，"把手给我。"

"妹妹，"科利亚说，"你告诉我你的名字，我就给你手，我把心也给你。"

玛莎皱眉着说："你是说，瓦夏没有同你谈起我？"

"瓦夏谈起你？他没说一个字。"科利亚撒谎道。

"没关系，"她说，"你留着心自己用吧。请把手放在桌上，别动。"

就在玛莎给科利亚缠绑带时，传来隆隆的雷鸣声。这好像是大草原上的暴风雨……我醒了过来。

*

我在周围摸索，但周围没有人。我感到了饥饿，我饿醒了，想吃东西。

周围很安静，漆黑一片。我站起来，背靠在木墙上，试着想这是什么地方。我拿出一包香烟，抽出一根烟卷，但找不到火柴。我想起来了。早晨，我把火柴借给水兵米哈伊尔·玛萨耶，我肯定他没有还给我。我默默地诅咒他——玛萨耶从来不归还借的东西，东西进了他的口袋，你就再也见不到了。就在我伸手在口袋里找火柴的时候，我摸到了附近的东西，那是一个人的脸。我摸到了胡子，又摸到了黏黏的凝结了的血。

最后，我终于找到火柴。接着，我点燃了火柴。我的手在发抖。在火柴的闪光中，我看到了一些好像是睡着的人，但是，他们的大腿和胳膊都僵硬了，固定在奇怪的姿势上。我靠近看，他们是苏军士兵的尸体，有十几个人，被抛弃到这个掩体中。我点燃另一根火柴，继续四下查看。这是一个有墙壁的木制深坑；它建造得非常牢固，有梁作支撑，用了数吨泥土。

我试图卷起另一支香烟，我的手颤抖得厉害，试了好几次才卷好。待到我点燃这支烟，我的心跳得像一个榔头似的。

我意识到，不知何故，自己睡在尸体中间了。同志们一定以为我已经死了，所以才把我投进这个集体墓穴。我出了一身冷汗，感到袖子黏糊糊的，都是汗水。

"起来！"我告诉自己。我沿着墙向前爬，碰到一堆沙土。我休息了片刻，安定了一下情绪，向相反的方向爬。我遇到另一堵墙，没有能出去的路了。我徒然地爬着，抓挠着坚固的墙。我周围只有墙和土墩。没有任何一个地方可以出去。

我记起来曾看见过一个铁铲，那是我在深坑对面点烟时看见的，肯定是一个在墓穴埋完尸体的士兵把铁铲遗漏在此了。我摸索着爬向我看见铁铲的地方。我抓住铁铲的柄，用力挖。我心里只想做一件事，快一点让我离开这里。但是，无论我在哪里挖，铁铲都碰到木头。这个深坑四周都是木头。

我被活埋了！想到这，我就控制不住我的反应。我开始大口地呼吸，好像空气变得闷热。如果我不能尽快逃出去，我肯定会窒息，就像玻璃瓶里的虫子。

铁铲的尖碰到一个木板条箱，我停止挖土，检查里面的东西。手榴弹，整整一箱手榴弹。附近留下的武器和弹药把我绊倒，我离开木板和梁，重新开始挖土。我努力恢复理智，希望避免挖那些我曾经挖过的地方。这在黑暗中很困难，此外，我处于恐慌状态，害怕空气会越来越少。我一边挖，一边把土向深坑的中间扔。"给我自由，让我看看天空，让我再见见同志们！"我低声地对自己说。我宁愿战死，也不愿被活埋。

我竭尽全力挖，但所挖之处皆是木头。铁铲能有什么用呢？我瘫坐在冰冷的沙地上，思考可以让我逃脱的方向。我已经不能正常思维了，我感到耳鸣，每过一分钟，呼吸就变得更困难。

　　似乎命中注定我要窒息而亡，我坐在这里的时间越长，就离死亡的时间越近。我必须呼吸新鲜空气。我抓住铁铲，爬过支撑梁，回到我最初挖洞的地方。我不停地工作，把挖出的泥土抛到身后。堆积太高的沙子倒向我的双腿，我感到双腿越来越重，几乎不能呼吸，喉咙的肿块越来越大。我不能呼入，也无法呼出，开始两眼冒金星，眼前出现彩虹。我把绝对是最后的一点力气放在双脚上猛推支撑梁，用铁铲怒击木头墙。我一共打击了木墙三次。我最后的那一戳，有了突破，就好像游泳者突出了水面。

　　我瘫倒在地，脸跌在沙土上。我仍然感到呼吸困难，依旧被黑暗包围着。但是，这黑暗是黑色夜空的黑暗，已经不是墓穴的黑暗了。我的眼睛慢慢适应了暗淡的光线，能看出我挖出的长长隧道，这条隧道介于掩体的木桩之间。

　　在大约50米远的地方，从金属加工厂较低矮的窗户射出的德国曳光弹飞向伏尔加河。子弹循弧线在夜间行进，一条子弹流向西面飞去，另一条向东面飞去。照明弹在头顶发出耀眼的闪光，照亮了被扭曲的电车的铁轨。

　　让我返回苏军阵地的唯一道路，就是消灭设置在金属加工厂内的两挺机关枪。我顺着刚挖出的隧道爬回埋我的深坑。我必须找到那箱手榴弹。天很黑，我已经没有火柴，所以我摸索死尸的口袋。这项任务令人作呕，但别无选择。

　　在一具尸体的口袋里，我找到一盒火柴和一包廉价烟。我立刻点起一支抽了起来。然后，我开始翻腾沙土。一根火柴接着一根火柴，我终于找到一箱F-1手榴弹。我把口袋里装满了手榴弹，又把一个防毒面罩也装满了手榴弹。我要尽可能多地带上手榴弹。然后我再次爬出埋死人的掩体。

　　德国机关枪断断续续地发射曳光弹。一道闪光在我头上爆裂开，我惊呆了。不过，我周围都是垃圾，没有人能把我从无生命的垃圾物里分辨出

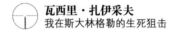

来。我把脸紧靠着地面。

另一道闪光在我头顶爆裂开，两挺机关枪同时开火。同时，这个人工太阳照亮了附近所有的东西，更多的闪光不断升起。我看到德国人的锋线正在慢慢挤进工厂的办公区，办公区就要变成德国人的外围据点。敌人的据点正在威胁着我们的部队。

一挺机关枪设置在第一层楼，另一挺在第二层楼，两挺相距只有几米远。机关枪再次吼叫起来。我沿着墙一步一步地向前爬，最后到达第一层楼的机关枪底下，我离这挺喷射着火舌的机关枪非常近。我从第一层楼的窗户里扔进去一颗手榴弹，没等这颗手榴弹引爆，我又向第二层的窗户里投掷了几颗手榴弹。第一层的德国机关枪手看到了我，他试图压低机关枪，向我射击。这时，我扔的第一颗手榴弹引爆了，把他炸出了窗户。接下来的几颗手榴弹也都引爆了，消灭了第二层楼上的机关枪和枪手。

从办公区的东面和西面，我听到有人用俄语喊："冲啊！"接着看到苏联士兵像潮水一样发动进攻。我后来知道那是我们第2连和第4连的部队。金属加工厂里的德国人彻底被消灭了，我们控制了办公楼的其中一翼。

我们的前锋部队和军官达到办公楼后，他们检查了被炸得粉碎的机关枪的枪位，开始猜测是谁敲掉了这两挺机关枪。这些德国机关枪手完全压制住了我们的部队，我们的士兵没有人能移动一寸，既不能前进一步，也不能后退一步。

没有人想到是我干的。此时，我还在垃圾中，像一个幽灵一样靠着墙站着，偷听我们军官说的话。我虚弱得说不出一个字。后来，尼古拉·洛格维年科撞到了我，他是科托夫上尉的副官。洛格维年科是一个矮胖的家伙，戴着金丝边眼镜，长长的黑头发，下垂的胡子。他一直在询问士兵，收集材料，以便能描绘战斗情况。他已经用潦草的笔迹写了几页纸。

洛格维年科看到站在垃圾中的我，他从我脸上抹去一些脏东西，看着我，惊呆了，哑然失声。他抓住我袖子，拖着我去见博利沙波夫一级中尉。我们进入一个深深的掩体，这个掩体有自己的发电机。博利沙波夫从地图上移开视线，看着我们。我吃惊地打量着博利沙波夫，因为他狠狠地盯着我。最后，他说："他还活着，他还活着！"

我转身向后看，以为他在跟别人说话。博利沙波夫几乎把腰弯到脚下，跑过来抱住了我。

"瓦夏，"他大叫道，"我以为早把你埋了。"

护士玛丽亚·洛斯库托娃当时就在那个掩体内，正在为伤员治疗。"你看上去像死人一样。"她说。她拿出一面小镜子，并交给我。是的，我就像一个新发掘出的死尸，脸和衣服上涂满了血迹。科托夫上尉进来。他看了我一眼，然后转向博利沙波夫。"这个家伙怎么了？"科托夫已经认不出满身都是垃圾的我。"他受伤了吗？"

"不，上尉同志，"博利沙波夫咧着嘴，边笑边说道，"他就是高级准尉扎伊采夫。扎伊采夫已经复活了。"

科托夫再看了我一眼。然后咆哮着说："去把你自己清洗干净，回来向我报告。"

在办公楼的角落，有一大桶水。显然，法西斯分子曾经用过这里的水，这使我厌恶不愿碰它，但是，我此时别无选择。尼古拉·洛格维年科给我一个刮胡刀，有人找到一个刀片，有些旧了，但还能用。一块撕碎的绷带做我的刷子。

清洗完，我去科托夫的指挥部做报告，叙述了我所经历过的一切。

6 窒 息

德国轰炸机再次在我们的头顶盘旋。轰炸的目标还是金属加工厂、肉类加工厂、燃料仓库。我们已经熟悉德国人的战术。第一批出动的轰炸机投下具有极高破坏性的巨型炸弹，其中有些是海军水雷改装的。这些炸弹有特殊的导火索，使得炸弹钻入地下后才爆炸，把整个街区撕裂开。它们的爆破力极强，如果在我们掩体附近爆炸，掩体就会坍塌。所以，在这段轰炸期间，我们必须离开掩体，躲藏在野外的战壕中。

我曾看见过一次这类巨型炸弹的爆炸现场，肉类加工厂的一段围墙被抛到天上，落下来时已经是小碎片了。天空变得暗淡，到处是尘土和浓烟，呼吸变得困难。当尘土落定后，我们看到强大的爆炸力把一具德国兵的尸体抛到我的水兵同事列昂尼德·斯米尔诺夫的尸体边。这两个男人无知觉的手臂相互抱在一起，就像丢弃在泥地上的两个儿童布玩具。

几枚巨型炸弹炸中了燃料仓库。用钢板制成的储藏罐和蓄水池被撕裂开，就像撕裂卷烟纸那样容易。定时炸弹也被投了下来，这种炸弹的目的是炸人。其尾翼露在地面上，每个人都能看见，十分令人讨厌，肯定没有人愿意看见它们。

在一枚这种巨型炸弹爆炸时，我正坐在萨沙·列别杰夫旁边。他是那位我们在伏尔加河对岸遇见的水兵，刚从野战医院回到我们连。在战斗的最初几天，他被燃烧的汽油烧伤。此时，我俩周围的空气越来越热。德国人再次占领了变压器室，用爆炸子弹正向我们射击。迫击炮发射的炮弹，就像打翻了篮子里落下来的梨子，向我们倾泻下来；每过一分钟，浓烟和尘土就变得更严重一些。

我听见萨沙在咳嗽，看到他的汗从额头上流下来。我问他有何不妥。"我有点虚脱，"他说，"我不能呼吸。"他刚说完，炸弹的碎片落在旁边。萨沙被掀翻，整个人落到战壕底部，头枕在博利沙波夫的脚边。萨沙没有受伤，只是受到惊吓。

博利沙波夫低头望着萨沙说："不要担心。你会适应这一切的。"他俩盯住对方。萨沙感到呼吸困难，大张着嘴。"听着，水兵，"博利沙波夫说，"德国人轰炸我们，枪击我们，最后他们还要冲上来。我们要欢迎他们，消灭他们，摆平他们。换句话说，我们要让他们空手而回。"

第4连的通讯员到了，他的军装冒着烟，眉毛烤焦了，头发基本上烧光了。从他被撕裂的裤子里，你能看见腿部到处都是磨出的伤口，伤口流着鲜血。通讯员向博利沙波夫报告说，德国人的冲锋枪手正向我们在河岸一带的阵地运动，那里的中尉连长要求增援。纳粹的进攻由3条依次的防线组成，就像三波浪潮冲向海岸，德军越来越接近伏尔加河。

实习医生利昂尼德·谢列兹尼奥夫、尼古拉·洛格维年科、萨沙·格里亚泽夫拖出一挺马克西姆机关枪，在一堆砖头中设置好位置。这挺机关枪好像有魔法，阻止了德国人前两拨的进攻，但是，我们发现剩下的敌人继续向前爬来，他们徐徐行进，越来越近。马克西姆机关枪射手无法继续压低枪口，从而能射击越爬越近的纳粹：他们太近了，就像鼻涕虫部队似的。尼古拉·洛格维年科抓起一支冲锋枪，在皮带上挂上两颗手榴弹，跑去攻击敌人的进攻部队。手榴弹飞了过去——德国人没想到有人会这样欢迎。德国人的进攻停了下来，尼古拉·洛格维年科追上敌人，在近距离扫射，打空了整整一弹匣的子弹。

现在，战斗的势头逆转了。我们恢复了战场主动权。我们分成小组向前移动，目标是肉类加工厂的冰冻库。

德国人选择在此时释放他们惊人的力量。两挺重型机关枪被安置在冰冻库的屋顶，向我们开火。机关枪子弹就像鞭子抽打着我们的左右。我们别无选择，只能停止战斗，拥抱大地。动一动，就有可能丧命，我们每个人都尽量使自己不暴露在外。

我的左手边是水兵沃克林·瓦西里琴科，右手边是一个极瘦的小个子士兵。他的绑腿破旧，钢盔压着眉毛。我曾提及我的个子不高，但这家伙比我还矮半头。就在他爬向一堆鹅卵石时，十几发子弹呼啸着飞过他的耳边。

我用手指甲不断地抓泥土，想挖出一个浅的散兵坑。我周围的人都被迫趴在泥土中。但是，那个穿绑腿的小个子勇敢地向前爬。他爬到了鹅卵石堆旁，把一支步枪顶在右肩上，那步枪上有一个奇怪的小管子。

那个小家伙瞄准了2秒钟，砰！然后他换了一个重心位置，几秒钟后，呼！忽然，两挺机关枪都哑火了。

我们其余的人发动冲锋，扔向德军的手榴弹像下雨一样。我们胜利夺回了冰冻库。德国人一直依赖用机关枪压制我们。他们的撤退位置还没有安置好，所以我们打了他们一个措手不及。那个打掉机关枪的小个子使我们比较容易地取得胜利。

战斗结束后，我追上沃克林·瓦西里琴科。"那个侏儒是谁？"我问他。

"领导，"沃克林说，"他不是侏儒，他是军士，狙击手卡里扬·阿布扎洛夫。"

我的好奇征服了我，我离开岗位，想见一见神枪手阿布扎洛夫军士。此时，他正进入一个新的射击位置，我慢慢接近他在碎石中的隐蔽处。我渴望与他交谈，表达我的羡慕，想询问他是如何获得这个任命的。坦白说，我有点嫉妒。毕竟，我的枪法也很好，所以我希望阿布扎洛夫能帮助我在他的单位找一个位置。我看到那个小个子蜷缩起来，嘴上挂着冷笑，我后来知道这是他的习惯性坏脾气。他发现我正在向他靠近，还没等我张嘴说话，我先看见他的绿眼睛。

"嘿，水兵，"他嘘声说，"滚开，你没看见你把敌人的火力引向我这里!"

于是我爬走了。我真笨，难怪阿布扎洛夫认为我是白痴。我对自己说晚上一定要找到他，同他谈一谈。

所有还能走动的士兵，无论是敌人的，或者是我们的，都离开了战场。我们周围点缀着敌人的死尸和伤兵。德国医生和担架员爬过来，向伤员提供救治。

我感到自己的热血在沸腾。敌人的医生并没有在帮助所有的受伤士兵，只救助特殊的伤员：前锋部队中的军官和专业人员。剩下的德国伤员没有人管，他们大声叫着，挥舞着胳膊，绝望地乞求帮助，他们希望引起德国医生的同情心。对我们来说，干掉这些德国医生一点困难都没有，但是我们绝对不会辱没自己的名声把医生当作目标，甚至不会把那些行为可鄙的医生当作目标。此时，由叶夫德耶夫中尉领导第4连爆发出最后的力量。他们与一队从河岸地带撤退下来的敌人展开交火。

纳粹的飞机返回，再次轰炸我们，他们就像发动报复的黄蜂。德军的飞机编队飞到伏尔加河上空，然后一个跟着一个离开编队向我们在"红十月"工厂的阵地俯冲投弹，也向我们在马马耶夫岗下的前沿阵地俯冲投弹。

同时，德国人带来了一些新替换部队。空袭一停止，德军立刻便把这些新士兵投入我们在河岸地带的阵地。我后来听说希特勒亲自指挥这次战斗，命令下到连一级，让他的保卢斯将军不断上报战况。所以，很有可能是希特勒自己下命令，把一连接着一连士兵的生命扔向我们带钢牙的防线。

德国人的战壕和周边的废墟中挤满了新兵，他们穿着灰色野战部队军装，刚刚刮完脸的。有多少人？很难说。对我们来说，有多少都不是问题，我们的任务就是消灭他们。我们绝不能让他们到达伏尔加河。

伏尔加河岸远端隐蔽的炮兵阵地上的喀秋莎火箭炮已经能把进攻的德国步兵放入弹幕射击的射程之内。喀秋莎火箭猛烈地轰击着，德国人的进攻还没有开始便被中止了，那里的纳粹都被炸成碎片。我们后来勘察我们守卫的河岸一带的情况，无法确切知道那里到底有多少具尸体。

尽管我们胜利了，但我们仍然有些悲哀，有几发喀秋莎火箭没有击中目标，炸到了我们。海军学校学生埃特库洛夫牺牲了，我的同乡，从克拉斯诺乌菲姆斯克来的库兹马·埃夫宁被火箭炮的弹片击中头部。我和库兹马都在同一个海军新兵训练营待过。当我们20个志愿兵启程去前线，我们在克拉斯诺乌菲姆斯克作中途停留。在那里，我才真正地看到库兹马有一颗美丽的心。

*

那天早晨，天下着细雨。鹅卵石被雨水打湿，闪着微光。我们部队缓慢通过那座城市，去火车站。我们以非正式的步履行进着，并把帆布背包斜挎在肩上。我们几乎没有编队，走得很懒惰，不像行军。

我们看见一些戴着头巾的家庭主妇，带着买东西的空包，正向着市场吃力地走去。当她们看到我们，便停下脚步，仔细看着一排一排的水兵，寻找熟悉的面孔。

库兹马努力站在队伍外面。他在我们的编队周围乱窜，一会向左看，一会向右看，他在寻找他妈妈。她在这里吗？他想跑到队伍前头，但纵队指挥官命令他回队。那天，菲利波夫担任指挥官，他的军阶是三级上尉。那天，他在克拉斯诺乌菲姆斯克居民面前表现出一点炫耀味道：他高昂着头，把下巴伸得老远，命令我们大家要精神抖擞。我们走近一栋一层楼的房子，房子有阳台和漂亮的木门。我们大家既同情库兹马又嫉妒他：这里是他的家乡，他在这条街上已经走过千百次了。每过一栋房子，他都急促背诵出房子主人的名字，就好像他在检查自己的记忆力。

突然，他面色变得苍白，激动地大叫："这是我的房子，那是我的妈妈！"

一位矮矮的灰白头发的妇女站在靠近窗口的门前。我们整个纵队都激动起来。库兹马要求离队，然后跑过街道。与此同时，我们的队伍停下来，看着这一幕团聚。

库兹马的妈妈穿着一件深色的宽松短衫，外套了一件开襟羊毛衫，袖子挽到胳膊肘。那件羊毛衫歪歪地穿在身上，深色的短衫挤进皮带之中，磨损了的靴子沾满了脏污。显然，她在院子里干活。

看到库兹马跑向她，她哭着叫道："库兹马，我的儿子！"

我们看到她想跑向儿子，但她的腿不听使唤。妈妈和儿子拥抱了，泪水从老妈妈的脸上流了下来。

"我没有在做梦吧？"我们听到她说。

看到这一幕，我们都想起自己的母亲。母亲，是一个神圣的词，代表家庭的荣誉和根源，母亲使家族不朽。人生下来说的第一句话就是"妈妈"。当一名士兵将要离开这个世界的时候，那挣扎着逃脱他嘴唇的词语也是说给妈妈的。这个世界最深厚、最高尚的情感就是母亲对孩子的爱。

库兹马是一个身材高大健壮的家伙，他在妈妈面前就如同高耸的塔。在整个纵队面前，他用臂膀紧紧地把母亲搂在胸前，就好像母亲是一个小孩。库兹马不怕去前线，战争总是有伤亡。他知道这也许是最后一次拥抱母亲了，他哭了。我不知道那是怎样的眼泪，是悲痛的？或者是幸福的？但是，我知道那是发自内心的，是感情真挚的。

我们纵队站在那里不动，大家都屏住呼吸。他和母亲走进院子，我们无法看见他们了。当他回到队伍里，我们开始再次前进。我们个个挺直了身板，按照正常的编队走，就像我们在接受检阅。整个街道回响起我们行军的步伐声，这是我们向库兹马母亲的敬礼。在转弯处，我们看见她站在院子里的白桦树旁边。母亲和白桦树——祖国的两个标志。

在队伍中，库兹马在我后面一排，他低声地说："瓦夏，我妈妈说没事的，我们能活下来。"可是，库兹马现在死去了。我应该如何向他母亲解释她的儿子是死于友军的炮火呢？这是一次偶然事件。我们的指挥员必须在尽可能近的情况下招来喀秋莎的轰击，喀秋莎并非武器中精度最高的。但是，库兹马的母亲能感到有区别吗？我试着给她写信，但我无法解释清楚究竟发生了什么，最后我把信揉成一团。我必须等自己情绪稳定后再给她写信。

现在，我必须报仇。侵略者是让库兹马死去的罪魁祸首。我拿起步枪，离开掩体，我要为库兹马报仇。敌人别想从我这里得到怜悯，斯大林格勒没有怜悯。

*

我们做了最大的努力，但还是没能阻止德军的前锋部队达到伏尔加河边。他们截断了第13近卫师与其他部队的联系，或者更确切地说是由罗季姆采夫将军指挥的残部。第62集团军指挥官崔可夫直接命令一个总部近卫营和一个坦克连迅速进驻我们的战区。他们的任务是消灭敌人的前锋部队。

我们的指挥官梅捷列夫少校命令一组冲锋枪手进入该战区，指挥这次行动的是博利沙波夫一级中尉。这场战斗持续了几个小时。一条通往第13近卫师的安全通道，最终被建立起来。只有一栋三层的砖楼处于德军控制之下。

利用战斗间隙，我们能补充弹药，给机关枪安装弹匣，在矿区稍作休息。德国人不许我们巩固夺得的阵地，不许我们有一个安宁的夜晚。黄昏前，斯图卡式俯冲轰炸机又来轰炸了。现在，我们再次占领了河岸地带，斯图卡式俯冲轰炸机把炸弹撒向这里。我们和第13师的残部、总部近卫营的特遣部队跑到同一地点隐蔽。

我清点人数，我们的损失巨大，我们的实力有所下降。我不知道我们是否有足够的实力击退空袭后肯定要发动的地面进攻。

这一次，德国人利用他们的盟友罗马尼亚人作为前置部队；德国人也许已经消耗自己的部队到精疲力竭的地步了。所以，德国人命令罗马尼亚人向伏尔加河进攻。我们听说罗马尼亚人军官进攻时总是大声叫唤——他们也许以为这样会使我们害怕。一旦我们听到他们的叫唤，我们知道他们来了，我们能看见他们第一波逼近了。

在战役的早期，我们的空中支援很薄弱。我们的飞机是由胶合板制作的双翼飞机，只敢在夜里出来飞行，其速度就跟从一个古老的俄国茶壶里倒茶渣那样慢。这些双翼飞机给我们丢下给养，盘旋，轰炸德国人和德国人的同盟军。

这些双翼飞机的速度很慢，自然成为易被地面火力击中的目标，敌人的枪手只需对着噪音的方向瞄准就行。我们的飞行员都是年轻的苏联女孩。纳粹成功地打下几架这种飞机，飞机坠毁在罗马尼亚人的阵地上。我们获得情报说，罗马尼亚人强奸、虐待被俘的苏联飞行员。所以，你可以说我们手里的利刃正在等着罗马尼亚人。我们几乎不愿等待与他们作战的机会。现在，这些蠢货正冲向我们，他们的军官在叫唤，就好像叫唤能迫使我们投降似的。

最终，只有极少数罗马尼亚人活着离开，这样说也许足够了。他们的尸体能使苏联大草原变得更丰饶。

平静的一天

此时，我只能找到一双别人的防水油布靴子穿在脚上。靴子太大，总是往下掉，靴子头和靴子脚都有铁皮包着，所以脚步声特别大。一旦我踏上比较硬的地面，那靴子就宣布我来了。附近的敌人肯定也能听见。幸运的是，德国人此时不在附近。如果是在工厂的车间里，他们应该比较容易听到我的脚步声。

我拖着沉重的脚步从金属加工厂办公楼的铁楼梯向下走。这时，我感觉有人在监视我。我把手枪从皮套拔出来，但发现那个人是一个害羞的年轻妇女，穿着护士制服。她从楼梯底部的一根柱子后面走出来，肩上背着一个医务包。我不知道她是谁，但她跟我的个子一样高。

"耳朵有时会误导人！"她说，"我以为你是另一个人。"

"亲爱的，那怎么会？"我问道。

她显得有些生气："我怎么会把你与他搞混了呢？"

她对我微笑了一下，抓住我的手，带我走到地下室光线较亮的地方。

我顺从地跟着她，看着她的侧影。不，她不是玛莎·洛斯库托娃。玛莎已经与医疗队一起转移到伏尔加河的那边，我肯定她已经忘记我们在火车上的誓言。好吧，不说玛莎了——考虑到我能活着回去的机会，伏尔加河的对岸也许跟火星一样远。

我们走到灯光下。她有一头褐色的长头发，有一双热情的淡褐色眼睛。我肯定曾经见过她，但记不起来何时何地。现在，她注视着我。

我说："所以，我不是你要找的人。"

"你的靴子在楼梯上的声音跟他的一样，我以为是那个高个子、皮肤黝黑的家伙，所以我躲在柱子背后。"她实事求是地解释。

"那么，那位高大、黝黑、漂亮的先生知道你为他举着一支火把吗？"我问道。

她盯着我，我的鲁莽让她生气了。"我会那么天真地让他知道吗？"她反问道。

"哦，那你得告诉我为什么了。"我抗议道。

此时，我们都在灯光照射下，她从头到脚审视我。

"你的军装为什么被撕碎了？"

昨晚我有巡逻任务。"我遇到一些带刺铁丝网。"我向她解释道。

她拿出一根针和一段长长的绿线。

"水兵，请坐下，脱下衣服。"

我没有反抗，与一位美丽的姑娘在一起很开心。她缝着衣服，熟练得就像一位职业裁缝师。我无法把视线从她身上移开。她每过一分钟都变得更美丽一些。

"别看着我！"她大声叫道。"你就像是一只寂寞的狗似的。别对我有什么想法。你应该知道，我已经有人了。"

我抗议道：“那个人甚至不知道你的存在！”

“我无法容忍个子矮、鼻梁矮、蓝眼睛的男人。”她说道，“等我做完针线活，你赶快走，找一个有带刺铁丝网的地方趴着。”

我觉得有必要做出回应。“高男人身上可以吊一只狗。”[1]我说。

“猫总是缠着虾，你也一样。”她说道，“但我忍受不了猫的气味。”

“当然，”我让步了，接着说道，“这点你说对了。”

“你是个呆瓜，你竟然同意我说的？喂，别尽张着大嘴坐在这里，你还有什么说的？”

我必须说出一句真正充满智慧的谚语才行。

“俗话说，大智若愚，金块虽小，但价高……”

她的手很快，缝补军服的工作几乎要完成了。但是听了我的话，我的同伴即刻收起了手中活，就像被热水烫了似的，把衣服、针、线用力投掷在我脸上。

“你这么聪明，自己完成这个工作吧。我要去寻找我自己的‘贵重东西’，谢谢你！”

她跑上楼梯，身影消失了。我去追她，眼前只有一片城市的废墟。我在我们刚才坐的地方坐下，缝补我衣服上最后一个窟窿，然后把针线塞进口袋，嘴里有一种苦涩的味道，我对自己说：“与别人比谚语不是你的长处。”

1942年10月7日，对我来说就这样开始了。

*

今天相对比较安静。我们修理了马克西姆机关枪的水套筒，给冲锋枪安

---

[1]　这句为俄罗斯谚语。

装备用圆筒弹盒，向子弹带中填子弹，把手中的手榴弹拿出来进行分类：我们有苏联的，也有从德军缴获的，还有英国捐赠的米尔斯波萝弹。

德国人在这一天也没有采取任何行动。那天晚上，我们整夜都在猜测第二天将会是怎样的一个情况。

黎明被机关枪的吼叫打破。太阳升起后，"红十月"工厂和肉类加工厂附近爆发巷战。加农炮的炮弹、迫击炮的炮弹在马马耶夫岗爆炸，把地面炸得像煮开了锅的热水冒着气泡。但是，我们营的阵地在金属加工厂附近，敌人却很安静。我内心高喊道："你们这些劣等品，等什么，快点出来战斗吧！"

最后，德国人在早晨10点钟向我们发动进攻。先开始是大炮轰，接着迫击炮轰，然后是德国空军来完成任务。炸弹在到处爆炸。突然，一切停止了，飞机不见了，大炮开始轰击我们的纵深目标。我们肯定敌人的进攻就要开始了，我们中有些人忙着挖深战壕。另一些人待着不动，他们的眼睛大睁着，推测着将要发生的事。

但是，进攻没有跟来。

实际情况是德国人在最后一次炮击中，遭受到比我们还大的损失。前一天晚上，我们没能阻止德国人接近我们的防线，许多德国人溜进我们的防线，但他们没有时间挖防御工事。后来，德国的炮火把自己的步兵炸成碎片。他们没有能够重新组织部队获得进攻的势头，错过了进攻的机会。在此期间，我们则组织起进攻，没有遇到阻力，占领了一些新的据点。

博利沙波夫一级中尉命令一些人在金属加工厂办公楼的锅炉房设置了马克西姆机关枪，其位置就在我曾经干掉德国人机关枪位置的旁边。这个位置比德国人原来的位置更好，因为德国人的弹幕炮火炸平了废墟，增加了马克西姆机关枪的射界。

与此同时，德国人调来一些新的部队，有了这些新兵力，德国人发动进攻，敌我之间的距离只有150米。我们的机关枪阻止了他们第一波的进攻。当德国人到达了锅炉房之后，我们的机关枪就无法阻止敌人了。

为了压制我们的重型机关枪，德国人架设了一门小型步兵野战炮进行短距离炮击，位置在一个火车机头旁边。炮弹在锅炉房中爆炸，我们的机关枪手和装弹手被迫躲避起来。

我们必须摧毁那门加农炮及其炮手。但是，应该如何做呢？是用狙击手？还是手榴弹？我看到卡里扬·阿布扎洛夫，就是那位矮个子狙击手。阿布扎洛夫的出现总是能出人意料，而且肯定是在关键时刻。他攀上金属加工厂的屋顶。在敌人摧毁性的炮火下，他是如何上去的，我恐怕永远不会知道。阿布扎洛夫射击了3次，德国人发现了他。他迅速离开屋顶的一边，身体躺卧到另一边，枪挂在屋顶的边缘。敌人真的没有射中他吗？

我们的医生利昂尼德·谢列兹尼夫，就是那个戴着厚眼镜、近视眼严重到无法向任何东西射击的人，他咬着牙爬到屋顶。他爬过铺着瓦片的屋顶，叫喊道："阿布扎洛夫，你还活着吗？"

阿布扎洛夫回答："我被两个狙击手盯上了。我要在这待到天黑。无论你做什么，就是别再靠近了！"

医生赶快撤回来，向博利沙波夫一级中尉报告了阿布扎洛夫的情况。博利沙波夫说："好吧，我们必须用手榴弹摧毁加农炮。我需要一个自告奋勇者。"

第4连的通讯员普罗尼切夫，那个西伯利亚拖拉机司机，立刻站出来。此时，普罗尼切夫和博利沙波夫正在战壕的开口处向外张望，德国人的子弹在附近飞过，他俩迅速退缩起来。博利沙波夫说："你看，普罗尼切夫，……你必须跑过院子，利用墙脚作掩护。然后，查看火力的方向——

只要你没有发现德国人的位置，你就不要动，耐心等待他们的火力减弱，爬进墙边的弹坑，从那里你能接近火车头。一旦你能到火车头的后面，你就可以用手榴弹打击加农炮。我们会沿路掩护你，不要干蠢事，懂了么？"

"这是我在前线的第二年，首长。" 普罗尼切夫说，"小菜一碟。" 普罗尼切夫在皮带上挂了两颗手榴弹，给手枪上了一个新弹匣，行举手礼，弓着身子离开我们的阵地，沿着一条曲折的道路跑过战壕。

米沙·马瑟耶夫，另一个水兵，躺在我身旁。

"你说他能成功吗？"米沙·马瑟耶夫问道。

就在米沙提问的时候，我正用枪射击任何有可能抬起头来的德国人。

"如果我们给予他足够的掩护。"我回答。

普罗尼切夫已经跑过院子，他应该按照中尉的指令沿着墙爬行。但是，他站起来径直冲向火车头。

博利沙波夫站起来，大声地向他叫喊："回来，你这个笨蛋，我命令你，回来！"

普罗尼切夫没听从中尉的命令，继续莽撞向前冲去，就像一个想进球的足球运动员。中尉喊到声嘶力竭。我们也停止射击，恐怕伤及普罗尼切夫。

普罗尼切夫跑过一座无人防守的桥梁，绕过锅炉房，接近变压器室。德国人停止了射击，他们肯定吃了一惊，也许他们以为普罗尼切夫跑过来是投降的。他跑到了变压器室附近，再跑几米的路程他就进入火车头后面的有利地形。这时，德国人如梦方醒，再次开火了，普罗尼切夫停住了脚步，转身面朝着我们倒下了。

我们都麻木了。博利沙波夫一级中尉面色苍白。他沉默了几分钟，然后说道："这就是干蠢事的后果！"

一级中尉怒发冲冠，他转身面向我们，他的眼睛里放射出光芒，大声问道："谁能干掉那个见鬼的加农炮？"

我和米沙·马瑟耶夫交换了一下眼神。米沙用眼神告诉我去接受任务。我清了一下喉咙。"一级中尉同志，"我说，"请允许我和马瑟耶夫执行命令。"

米沙·马瑟耶夫是一个高大的鞑靼人，他胳膊长长的，有漂亮的卷曲的胡子，他是我们连里体型比较大的人之一。指导员丹尼洛夫来了。我偷听到他低声问博利沙波夫："这些水兵是真的吗？他们能成功吗？""他们能办到。"博利沙波夫回答道。

丹尼洛夫仔细审视我们，然后问道："你们能做到吗？你们的计划是什么？"

"首先，我们通过靠着车间的那面墙，然后……"我边说边指着墙边的战壕。

"那条战壕里尽是德国人的尸体，"博利沙波夫表示不同意，"你们会暴露在敌人火力之下。不要做愚蠢的英雄!"

我说："首长，请允许我解释。几天前，我们曾占领过那地方，我勘察了一下。战壕毗邻一条热力输送管，我们能爬过去。顺着热力输送管，我们爬到火车头旁出来。德国人的加农炮就在手榴弹的射程内。"

博利沙波夫中尉和指导员丹尼洛夫安静地交谈了一小会。

"那好，"博利沙波夫说，"但不要急，记住我们从这里无法帮助你们。一切要靠你们自己，别把事搞砸了。"

我和米沙·马瑟耶夫钻入德国人废弃的战壕。由于上一周的战斗非常激烈，德国人没有来得及收回死尸，尸体开始腐烂。我和米沙都没有料到恶臭严重到如此程度，我们感到窒息。我们必须小心地走：如果踩在尸体上，就会把尸体踩烂。

到达热力输送管后，我们爬了进去，我在前，米沙在后。热力输送管里黑暗、潮湿、沉闷，手摸到地面既滑又黏。进口足够大，当你钻进去后，由于太窄，你就无法转身了。米沙的肩膀很宽，遇到一些阻力。我能听到他在我后面气喘吁吁，发出声音，所以我停下来等他。米沙最后追上我。

"继续爬！"他轻声责备我，"你在等什么？"

热力输送管改变了方向，有新鲜空气涌入，我们的窒息感减轻了。附近应该有管道裂口或出口，因为我们能呼吸自如了。

我们到达了一个分岔点，我猜出来正确的方向，又爬了5分钟，我们到达一处用砖砌的深坑，有一个铁制顶盖。这是车间排放管道系统与工厂管道连接之处。我停下来脚步，因为我必须推测出我们的位置是否就在德国人占领的工厂之下，还是在安置着马克西姆机关枪的锅炉房之下。

我试着从裂缝中向外望。被封闭在地下使我们有些不耐烦，我知道必须尽快完成任务，我们的任务就是消灭德国人的加农炮。

"怎么样？"米沙问。

"我看不清。"我回答。

我俩把顶盖举起移开，顶盖落在地板上发出"咔嗒哗啦"声。我们已经处于一个大车间里面了。车间曾爆发过凶猛的战斗，墙壁被烧焦了。车间里到处是车床和未完成的机器部件，到处是士兵的尸体，有太平洋舰队水兵的尸体，纳粹的尸体就在旁边。有的尸体背靠地，有的腹部靠地，还有的蜷曲着身体。

我和米沙从管道中爬进车间，然后爬到一个换向台附近，趴在紧挨其后的地板上。此地已经没有屋顶，很久之前就被炸飞了，站在这里能看见天空。我们头顶有飞机盘旋，苏联的战斗机终于出现了，敌人的空中优势开始削弱。

喘了一口气后，我和米沙向热水房潜行。米沙连跑带滚，到了一个安全地方。

"瓦夏，快！"他叫我。他靠着墙等我。我正准备向他跑去，但敌人发现了我们，并用步枪和冲锋枪向我们开火。有什么东西烧焦了我的右腿，我立刻感到那条腿沉重起来。我在地板上拖着那条沉重的腿，感到困难。我缓慢地接近米沙，此时敌人的射击仍然继续着。等我到了米沙那里，我的裤子浸透了血。

"你负伤了？"他问。

我的腿不疼，所以我摇了摇头。

在锅炉房内，有我们6名冲锋枪手和1名机关枪手，机关枪手是水兵普拉克辛。他们这一组人与我们营的联系被切断，于是不得不把锅炉房变成一个堡垒，从而可以一次又一次地打退德国人的进攻。

我和米沙对他们的机智和独创性感到吃惊。他们通过墙上的裂口把6挺冲锋枪的枪管向外瞄准。这些冲锋枪用弯曲的水管固定在枪位上。他们用铁丝缠住冲锋枪的扳机，由普拉克辛控制。此时，他是唯一受伤后还能开枪的人。

我问普拉克辛如何操作，他猛拉一下铁丝做了一次演示。在如此小的空间有如此大的声音，使我和米沙不得不掩着耳朵。根据敌人射来的火力判断，德国人肯定以为我们有一个连的兵力占据着锅炉房。

我们三人一起策划如何消灭敌人的移动加农炮。我和米沙接近火车头，普拉克辛用马克西姆机关枪掩护我们。

　　我们又开始爬行，爆炸子弹在我们脸1英寸远的地方飕飕作声。一颗绿色的信号弹升起，我和米沙滑入一个弹坑。"米沙，"我说，"看到了吗？这是博利沙波夫给出的信号，说明他看见我们了！"

　　我们的部队开始用重火力压制我们周围的德国人，但难以完全把德国人压制下去。米沙像一只雌鹅似的发出嘶嘶的声音："博利沙波夫一级中尉无法帮助身处此地的我们。只能靠我们自己。"他用大拇指重击自己的胸部。"听着，"他说，"……这个喀山来的鞑靼不那么容易害怕。我要向他们展示出水兵是由什么材料制成的……"

　　米沙开始爬出散兵坑，我用力把他拉回来，还算及时，一颗爆炸子弹在他脸部几英寸远的地方爆裂。我们发现德国枪手，向那个方向发射一颗红色信号弹，引导普拉克辛向德国枪手射击。

　　普拉克辛开火了，马克西姆机关枪发出的重击声就在我们背后。把德国枪手打成了碎片。普拉克辛给我们一些时间，我爬出散兵坑，用肘支撑向前爬。我的右腿已经不流血，但拖累着我。米沙看见我成功了，也跟了上来。但是，他爬行时没有把身段放平——他看上去就像一头搁浅的鲸鱼。一个德国步枪手看到了他，从变压器室向他开枪。

　　我进退维谷。我已经很接近加农炮，可以用手榴弹攻击了，但我必须先救米沙。就在我思考最近行动的时候，我被普罗尼切夫绊倒。这个西伯利亚人还在呼吸，但伤势很重。

　　我抓起普罗尼切夫的手枪，用火车头的轮子作掩护，瞄准射击。有一个德国人的枪管从变压器室窗户中消失了，但另一个枪手跳出来替代。此人异常兴奋，向米沙乱射，米沙被冰雹一样的子弹压得抬不起头。

　　我检查手枪弹盒中剩下的子弹——我只有最后一发了。我的受伤的腿也开始制造麻烦。我在碎石中用一肘接着一肘的方式爬行，最后爬到德国枪手射击的窗户下面。我试着站起来，但抽筋的腿不许我站立起来。所以，我在地上滚。我能看清那个德国枪手的胳膊在每次射击后的抽搐，他正诅咒自己打偏了。后来，他向前倾身，以便获得更好的角度。就在这时，我把手枪对准了他的下巴，扳动了扳机。

子弹射穿了他的脑壳，击中了他的钢盔，发出叮当声。那德国人摔出了窗户，鼻子撞击到水泥地撞碎了。

米沙看到我已经为他制造了一个机会，他跃入火车头背后。最终，我们中的一个占据了有利地形，从这个地方离德国人的加农炮只有几米远！米沙站直了。他有惊人长的胳膊，就像长臂猿似的。他围着火车头快速跑着，然后停住脚步，投出一个颗手榴弹，对着加农炮组叫喊道："嘿，德国人，接着！"

手榴弹在空中引爆了，把加农炮炸到一边。炮组成员被横飞的弹片切成碎片，他们就像屠宰场里的猪一样嚎叫。米沙的脸上充满复仇的愤怒。他向嚎叫着的纳粹投去第二颗手榴弹，嚎叫声立刻消失了。米沙跑上火车头，在炮尾引爆一颗手榴弹破坏了加农炮，纳粹将无法再使用这门炮。

尽管加农炮的威胁被消除了，但我们的人也处于混乱之中而无法发动进攻。附近有活下来的纳粹利用这个机会包围了我和米沙，也许他们想活捉我们。纳粹以公开折磨战俘为快乐，为的是让苏军士兵看到他们的同志在痛苦中挣扎。但是，普拉克辛看见德国人向我们进攻，于是用马克西姆机关枪扫射。

这使得我和米沙有机会撤退。我命令米沙带上普罗尼切夫，他把受伤的水兵背在肩上，就好像普罗尼切夫是一麻袋土豆。我跳入散兵坑，米沙想跟着我跳。但是，当他刚刚离开火车头的掩护，有东西把他打倒。米沙和普罗尼切夫摔倒在一起，我以为米沙被打死了，但他抬起了头。原来，

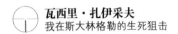

一颗子弹击中了他的钢盔，打晕了他，仅此而已。

我知道我们不能在此孤立无援之地久留，原位不动不是办法。我看到有两个纳粹向我们这个方向爬来。我举起最后一颗手榴弹向他们扔去，他们后退了。

米沙和普罗尼切夫也来到散兵坑，米沙给普罗尼切夫胸部进行了包扎，普罗尼切夫呻吟着要水喝。此时，天黑了，我们锅炉房的同志正等着我们回去。

米沙把普罗尼切夫扯起，放在背上，开始爬行，我跟在后面。我们此时异常虚弱，缓慢的行动表明我们已经精疲力竭。

曳光弹在我们头顶吹着口哨，就好像把我们指给敌人看。我俩都觉得普罗尼切夫无法活下去，但我们必须把他带到我们的防线。锅炉房变得安静和黑暗。普拉克辛负伤了，躺在马克西姆机关枪旁边。米沙想移动他，普拉克辛醒来了，他喃喃而语道："……德国人在这里。"接着又晕了过去。普拉克辛是锅炉房防守小组中唯一幸存的人。

我和米沙听到墙那边有说德语的声音。显然，我们无法向那个方向撤退。

普罗尼切夫咕哝几句话，什么都听不清。我们把他放在普拉克辛旁边。德国人说话的声音远了。我和米沙制定了一个计划：米沙返回我们营的阵地，走那条我们来时走的热力输送管道，我则在此守护伤员。米沙离开钻管道走了，我坐着一动不动，听着各种动静。

我靠墙坐着，腿伤开始疼痛。我曾快速搜索过普拉克辛的锅炉房，发现了2颗手榴弹，一盒手枪子弹。所以，我已经为最后的搏斗做好了准备。

我的腿再次开始流血，我的意识开始模糊不清。当我醒来的时候，我能看见夜晚即将过去，血红色的黎明正在破晓，手榴弹的爆炸声和机关枪的"嘎嘎"声开始在东面升起。

我听见有脚步声，赶紧拔掉手榴弹的销子。普拉克辛也醒了，张开破裂的嘴唇说："谁在那里？"我把手放在他的嘴唇上让他安静，更紧地靠着墙。突然，我听到有人说俄语。我用最后的力气说道："同志，我们还活着！"

有人大叫道："我们听见了。"

博利沙波夫和米沙走进屋里。米沙·马瑟耶夫成功返回了我们的阵地，带着部队来救我们了。

我成了狙击手

从10月16日早晨至21日中午，德国人连续5天向我们在工业区的阵地发动攻击。轰炸机、大炮、坦克、步兵——他们为了击溃我们而投入手中所有的力量，德国的最高指挥层下决心不惜任何代价要杀过伏尔加河。

敌人发动无情的进攻，根本不关心自己士兵的伤亡问题。在许多情况下，我们感觉希特勒宁愿他的所有士兵都血染沙场。

我们的任务是保卫金属加工厂、油料储藏场、肉类加工厂、半个马马耶夫岗。在战斗刚开始的时候，德国人向拖拉机厂、巴里卡德工厂发动最猛烈的进攻，我们抵御住了他们的进攻。

我不是特别清楚拖拉机厂的战况，因为我并不在现场。但是，即使相隔数公里，我也能感觉到战斗的恐怖，数百架德国飞机在拖拉机厂上空不停地盘旋。我们后来听说，在10月17日那一天里，德国空军出动700架次飞机对拖拉机厂和巴里卡德工厂进行攻击。我计算这意味着每个苏联士兵在那一天要承受6颗炸弹的袭击。

此时，守卫拖拉机厂的3个师都有严重战斗减员，第112师只剩下600名士兵，被降为一个团的编制。

法西斯分子遇到了顽强的抵抗，我们的士兵最终守住了那片地区。我们学会了如何在战火下生存，我们把每块石头、每块砖甚至每具死尸都变成反抗敌人的武器。德国人则以无情的轰炸和炮击作回应，企图把城市变成一片焦土。他们甚至用坦克车压毁我们战士的尸体，所以有时我们无法殓葬苏联士兵的尸体。

看着同志们正在遭受苦难，你是很难袖手旁观的。你肯定感觉应该去战场战斗，这就是苏联士兵的天性。所以，我向师长尼古拉·巴丘克要求派遣一支水兵小分队去增援拖拉机厂的战斗。但是，巴丘克拒绝道："敌人正希望我们这样做，这会削弱在这里的防御力，使这里易受攻击。"巴丘克上校是第62集团军的红人，绰号"不怕子弹的巴丘克"，他说得对。

在对拖拉机厂发动进攻48小时之后，德国人把进攻重点转移到我们这个区域。无法统计德国人到底向金属加工厂投掷了多少颗炸弹，兄弟部队肯定会在猜测我们师究竟承受了多少德国人的打击，我也无法回答这个问题。

此时，我们营的每个连只剩下大约20个能战斗的战士。在德国空军的第一个小时的空袭中，有27个中队的俯冲式轰炸机参加轰炸，每个中队实施了4次攻击。炸弹不断地落下……空袭结束后，大炮的弹幕轰击又开始了。持续的震荡使我们中的许多人无法控制自己手和嘴唇的颤抖。

德国人的炮轰引发了一场大火灾，火势减弱后，敌人的步兵开始向我们发动冲锋。我们用马克西姆机关枪击退他们的第一次进攻。第二次进攻，他们离我们近了一步，我们不得不用手榴弹和冲锋枪将他们击退。在接下来的几次进攻中，德国人动用精锐部队的士兵发动猛烈的攻击，攻击几乎从三面同时展开。他们先是突破了我们的右翼，过了不久，又突破了我们的中路和左翼，我们在阵地上与敌人进行肉搏。

一不小心，我被一名德国士兵用刺刀捅入后背，我肯定是晕了过去，因为我醒来时身处营部的医疗救助站，是担架队员把我抬到这里。

此时已经是中午，外面的激烈战斗仍然在继续。我附近的几个掩体因遭受到炮火的直接轰击而塌陷，掩埋了掩体中等待救治的伤员。所以，送来的伤员都被直接转移到设在营部的医疗救助站。

两个年纪稍大的士兵抬着担架走进来，担架上有一个受伤的水兵。他们把伤员放在帆布床上，立刻起身再次出发。他们也许就是把我抬回来的人。我真是幸运。

显然，我们在后撤。德国人重新占领了工厂的工具车间。车轴车间仍然是中间地带，但是德国人已经夺回冷冻库。我们第4步枪连被挤压到有轨电车线，士兵们不得不在附近的一栋未建好的红砖房子里挖防御工事。

*

两天前，我们的上级梅捷列夫少校到访我们连，命令我去做狙击手。事情是这样发生的。在一次短暂的安宁之中，我们几个水兵与博利沙波夫一级中尉坐在一个炮弹坑中吸烟，德国人的重机关枪忽然开始向我们射击。那挺机关枪大约离我们有600米远，由于轰炸把废墟荡平了，机关枪手有较好的视野，我们被压制得抬不起头来。

米沙·马瑟耶夫有一个战壕潜望镜，他在弹坑边上观察。"瓦夏，他在那里。"米沙说，并把潜望镜给我。我扫视了一下潜望镜，提起我的步枪，基本没有瞄准，开了一枪。那枪手倒下了。在几秒钟的时间里，连续有两个枪手接替，但都被我一枪一个给干掉了。

此时，巴丘克上校正巧用望远镜观察到这次交火。

"谁打的枪？"他问道，梅捷列夫少校告诉他打枪的是我。

"给他一支狙击手步枪。"巴丘克下了命令。

所以，梅捷列夫少校来访问我们。他命令我记录所有我消灭的纳粹。

"扎伊采夫同志，"他说，"你已经消灭了3个。这就是你的初始点数……"

不过，由于环境问题，我无法把那天的点数记录下来。首先，如果不填一些表格，狙击手的射杀是无法核查的，填表需要对事件加以描述，还需要我的签字和目击者的签字。我当时不熟悉这个流程。有一个更重要的原因，当时我们被包围了，我们必须后撤，损失了大量阵地。退路只有一条：穿过河岸地带，从油料储藏场的管道中溜掉，这样就能一直到达河岸边的第62号渡河点。我和米沙当时为救普拉克辛走过这条路的一部分。

我们营只有4个人知道这条路：我、米沙、博利沙波夫一级中尉、科托夫上尉。但是，我们不想提及它——如果我们开始撤退，有可能会使被包围部队出现混乱。这条通道一次只能通过几个人，大规模撤退根本不可能——绝对没有希望。所以，这个撤退的想法甚至不能在耳边谈论。

那意味着我们需要放弃大部分军备和所有受伤的人员。纳粹将会以最阴险的手段处决我们的伤员，比如，用火焰喷射器烧人、放狗咬人。更坏的结果是，撤退违背了斯大林同志的命令。

不能再想这些事了，我开始查看周围的情况。在我的头顶，屋顶的下方，有一个粗大的通风管，连接着一个排气扇。地面有一个铁质的楼梯通往那个排气扇。两天前，我曾把此处作为狙击手的隐匿处。这个地方因地势高而有利，能容易地看到底下德国人的情况。

一名叫瓦西里·费奥法诺夫的炮火引导员，在我旁边设置了一个观察点。他与总部通话的电话线通话质量很坏，总是嗡嗡作响，或发出"呜呜"声。这使费奥法诺夫很生气。为了使总部听见他说的，他必须不断向电话机大声叫唤。他让我很分心。尽管我不得不与他为邻，但我希望仍然能保持冷静做我的事。

我喜欢当狙击手，喜欢判断谁是我的猎物。每一枪，我仿佛都能听到子弹穿越敌人脑壳的声音，即使目标在600米外，我也有这种感觉。有时，纳粹回头朝我的方向看，就好像在盯着我，不过，他不会知道他生命只有最后几秒钟了。

一发炮弹落在附近，冲击波摇摆着管道，震掉了墙上的楼梯。我和费奥法诺夫钻入地下室，成功逃脱了像下雹子一样落下的碎片。营医疗救助站也设置在这个地方，旁边就是营指挥部。两名护士克拉娃·斯万佐娃、朵拉·沙赫诺娃正在护理伤员，朵拉就是那位给我缝衣服的姑娘。这时我才想起我的腿需要医生检查一下。当我跑下地下室时，我腿上的绷带散落了，我能感觉到温暖的血液滴流下来。护士朵拉正在为一位头部负伤的士兵做包扎，我在旁边等着。

她抬起那双柔和的褐色眼睛，故作严肃地说："你永不放弃，对不对？带刺铁丝网又刺着你了？"

"这次不是。"我回答。

"你为什总是在我身边闲荡纠缠我？"她问。

"如果你陷入爱河，"我说，"你就在爱河里。"

"你真是挑了一个好时间告诉我这个。"她回答。她继续给伤员的头部包扎，丝毫都不注意我。最后，她完成包扎，用酒精棉轻敷一下手。

"好吧，热恋中的男孩，让我看看这次伤在哪里？"

她很美，这让我脸红了一阵，竟然忘记我的伤在何处。后来，我告诉她我腿上有绷带。

"不要把手插在裤兜里，"她说，"脱下你的长裤，让我看看你的伤！"

我感到尴尬，慢慢解开裤带。

朵拉说："难道你真的要展示什么我没有见到过的吗？快点！"

我脱下裤子，咬着牙忍住她在我伤口擦酒精。当我弯腰提起裤子时，我背部衬衫下的伤口流血了。

"哇哦，"朵拉说，"停住。"

她发现我背部的刺刀伤。伤口比较浅，仅在皮下。刺刀没有伤及任何致命的东西，这是我的幸运。在朵拉给我清理包扎了伤口后，我离开医疗救助站，跑去见我们的营长科托夫上尉。他刚好离开他的指挥部，陪同他的是副官洛格维年科。我们站在门口，科托夫则看着长得没有尽头的担架队，担架上的人不是负伤就是快要死了。

科托夫突然打开门。"只带手枪。"他发出命令，于是我们把步枪和冲锋枪放在地下室的墙脚。

"跟着我。"科托夫说，然后开始向河岸那边疾走，我和洛格维年科尽全力跟着。我的伤口隐隐作痛，在废墟中为了跟上上尉，我需要跑、闪避、跳跃，这些让我精疲力竭。科托夫和洛格维年科在一条战壕前停下，我在那里赶上了他们。科托夫也累了。他斜靠在战壕的墙上喘着气。他的脸惨白，布满汗珠。我在他旁边坐下。我需要先喘口气，才能说话。

"上尉，"我说，"我们已经抛弃了伤员。"这是出自我良心的声音。这句话，我更多是对自己说，而不是对上尉说。但是，科托夫盯着我，他大口喘气的样子就像是一条离开了水的鱼。我的话似乎使他从一种昏迷的状态中惊醒。

"我们不会为此获得勋章，对不对？"我问道。

科托夫恢复了镇静。他拂去身上的脏土，望了望地平线，向德国人的方向吹了口气。然后，他开始跑，方向是回我们的阵地。我和洛格维年科在他后面大步慢跑，弯着腰躲着敌人的机关枪射击。

当我们回到地下室的时候，到处都是伤员。伤员被安排躺在两个大地下室房间里，过度劳累的利昂尼德·谢列兹尼夫实习医生在不同楼层间穿插，努力使伤员能活下来，等着医生来施救。伤员基本上是从各个方向爬进来的。一个预备冲锋枪连把守着这栋建筑物所有的出入口。

我和上尉、洛格维年科都深感内疚，不愿看对方的眼睛。我们惊慌失措了，我们向伏尔加河跑了，留下了这些无助的灵魂……这是可耻的。我生自己的气，内心感到不安，于是一根接着一根地抽烟，努力平静下来。然后，我爬上已经破损的楼梯回到第一层我原来的狙击手隐匿处。

子弹从窗户、门飞进来，我只能像蚯蚓一样平躺着。我慢慢地移动到砖墙一道裂缝处，利用一堆木板作掩护。我向外看，看清了下面的环境。我看见一挺德国人的重机枪瞄准了我们的建筑物。不幸，机关枪手离我只有500米远。

我把步枪留在医疗救助站了，必须把枪取回来。我慢慢移动，不想改变那堆将来可作为掩护木板的原样。就在我快要移出来的时候，听到背后洛格维年科说话。

"瓦夏，你为什么要那样扭动？又负伤了吗？或者是一种新学的舞姿？"

洛格维年科有苏联士兵特有的能在最困难的条件下说笑话的能力。

我请洛格维年科帮我从地下室把狙击步枪取回来，因为他没有受伤，他很快把我的枪拿来了。我爬回木板堆后面。

我调整视距为550米，查看风力是否会吹偏我的子弹。那天，战场上的硝烟直着向上飘荡，这表明风很小，我不必弥补风的影响。

利用光学望远镜，观察数百米远的敌人，这总是能激起我的兴趣。此前眼里只是一个无法区别的小物体，突然变成一个活灵活现的人，你能看清他的制服，他是高或低，是瘦或胖。你能知道那天早晨他是否修了胡子。你知道他是年轻或年长，是军官或士兵。你能看到他面部的表情，有时他在与其他士兵说话，有时他甚至在为自己歌唱。就在他摸眉毛，或者因懒散动一动身体而移动钢盔的位置时，你能发现你子弹的最佳去处。

我趴在木板堆后面，那地方不受敌人火力威胁。我把子弹放入枪膛，进入射击状态，观察德国机关枪手。即使距离如此远，我也能容易地把交叉瞄准线放在他的脸上。他的钢盔向后稍微倾斜，所以我把交叉瞄准线落在他的双眼之间。我扣了一下扳机，机关枪立刻停止了，机关枪手趴在枪管上。两个装弹手还没有来得及找到掩护，就被我撂倒了。他们抽搐几秒钟后，静止不动了。

我仅仅进行了3次准确的射击，就根除了敌人对我们的威胁。我们营恢复了活力。我们的信号员、通讯员、装弹员都跃入战场。尽管我在几天前就被任命为狙击手，但是，只是发生了这件事之后，总参谋部才开始认真对待我，才理解了我对步枪连的重大作用。

夜幕降临，不断有照明弹升起，那令人目眩的光亮与漆黑的夜空交替出现。我下楼找科托夫上尉。他盘坐在防水油布上，正对着电话大声叫喊。我从他的对话中了解到，我们受命重新夺回一些失去的阵地。显然，我本应该早就知道这点——今晚，我们必须采取攻势。

科托夫将我们召集在一起。"我需要把'菲延基''季格佳列基'，不带衬衣的。"他告诉我们。他是在称呼两种手榴弹，"菲延基"是指F-1型，"季格佳列基"则是指RGB型，"衬衣"[1]指的就是手榴弹的预置破片

---

[1] 移除破片套会将爆炸半径缩减到10米，近战中会更有效。——原注

套。营长重复了崔可夫上将的指令："抓起十几个手榴弹，带着手榴弹闯入敌人阵地，就这么简单。你和手榴弹都要轻装，你不要背包，手榴弹不要预置破片。"

手榴弹是极佳的武器。我们随身携带大量手榴弹出发。今夜，我们要去杀德国人。那一夜，我们的袖珍大炮果然迷惑住了德国人。我们让德国人大吃一惊，他们一定以为我们逃跑了，没有想到我们会发动进攻。到了早晨，我们又夺回了昨天我们失去的大部分阵地，我们重新建立了在锻铁炉的阵地。在阵地处于安全状况后，我们营的指挥部就转移到这里。

锻铁炉被一堵白砖墙分成两部分。这堵墙有石质的基础，高度超过屋顶几米。附近的建筑都毁坏了，只有这堵墙还竖立着，把纳粹与我们分割开来。他们与我们之间的距离很近，他们放屁声我们能听到。你必须小心不发出任何声音，因为声音会暴露你的位置。

萨沙·乌托夫希望挖一条地道，使地道延伸到德国人那边，埋入炸药。于是，他开始挖墙的地基，挖掘工作后来不得不停止，因为遇到一块大石头。他想了许多办法移动那块大石头，但它就是不动。无奈，萨沙搜索锻铁炉周围的环境，他发现一把大锤。他向后弯曲手臂，手臂中的肌肉就像一根鞭子，然后他向那块大石头重重砸下去。大石头飞了，就像香槟酒瓶的软木塞似的。下面有人用德语尖叫，并开始用冲锋枪向我们射击。子弹呼啸声飞过萨沙的脸，猛烈的射击在砖墙上打出一片花纹。如果敌人的枪口再向右偏2厘米，萨沙将失去鼻子和半个脸。

萨沙重新控制自己的理智，向那块大石头下的窟窿里丢了一颗手榴弹。一声沉闷的爆炸，接着跟着一声更大的爆炸，这声爆炸巨大，炸裂了墙基，我们都摔倒了。

黑烟从窟窿里冒出来。这些德国人正从对面埋地雷，萨沙的手榴弹提前引爆了他们的炸药。

　　萨沙想继续挖德国人留下的地道，看看能否找到一条道路去对面，然后发动进攻。我非常支持这个想法，但德国空军的空袭又来了，斯图卡式俯冲轰炸机尖叫着逼近我们。一切从头开始，俯冲轰炸，大炮轰击，迫击炮轰击。在这次攻击中，德国步兵没有跟进，但出动了3辆坦克。我们反坦克枪手把第一辆坦克打着火，另二辆没有能绕过第一辆，只好撤退了。我们机关枪的火力异常猛烈，德国人无法在坦克攻击后发动步兵进攻。那天之后，好像敌人失去了发动正面进攻的欲望。战斗到中午时分才平息下来，德国发动进攻的时间逐渐减少。

　　这一天是1942年10月21日。从这一天起，保卢斯的部队不敢再相信自己都是超人，斯大林格勒变成一场战壕战。这不是说德国人不再发动正面进攻，德国人的进攻变得稀少，态度变得更迟疑。

　　也就是在这一天，我正式成为红军狙击手。从此，我的任务就是要精通狙击手的艺术。

初始步骤

戈培尔手下的宣传员露面的次数越来越多，他们站在我们阵地对面用高音喇叭喊话。"苏联人，投降吧！"他们叫喊道，"抵抗是无效的！"他们不断地叫喊着，直到自己的嗓子变得沙哑为止。

我们知道敌人兵力占优势，武器装备也占优势，不需要德国宣传员提醒。他们利用现有优势，将斯大林格勒一分为二，并切断了我们的供给线。

但是，我们这些斯大林格勒的卫士，正在进行着顽强的抵抗，没日没夜地杀伤纳粹，给敌人以沉重打击，使他们不断失去平衡。我们不仅在体力上也在心理上不断消耗他们的实力。

纳粹的宣传极力掩饰德军的实际困境。他们已经不再相信能够速胜，德军的优势就像手中的沙子那样从指缝中流逝掉了。德军停止发动全面进攻，并非对我们有好意，而是现实形势迫使他们无法承受正面进攻的大量伤亡。然而，我们绝不能放松警惕性，那意味着自杀。毒蛇是有毒的，德国人就像受了伤藏在碎石中的毒蛇一样，仍然有能力发动致命的打击。

*

一群我们不认识的士兵聚集在我们掩体战壕外，身上携带着大量武器。每个人的嘴中都衔着一根烟，空气中弥漫着浓厚的烟味。

"为什么你们闲待在这里？迷路了？"我严肃地问他们。只有一个人回答了我。他晃荡到我面前，这健壮结实的家伙撇着腿站着。他不高，但却有异常宽的肩膀。你能感觉到他肩膀的力量，这点他也知道。除了他之外，聚集的士兵听从我的命令都走了，就是他站在原地不动，公然反抗我，僵硬得就像一根柱。我拍了拍他的肩膀。

他不转身，却咆哮道："你想干什么？"

"我要你进入掩体。"我说。

"我在这里没有任务。"他说。

"如果你在这里没有任务，你在这里闲逛什么？你等着手榴弹落下来吗？"

"别像小公鸡似的制造噪音！我应该把你的翅膀剪了，让你不要因为太兴奋而飞跑了！"

费道索夫中尉是第2营的参谋长，他听到我们大声争吵。他认出我，立刻说："我有话跟你说。"我们两人进入掩体。

"发生了什么事？"我问费道索夫，"今天是节日吗？为什么有这么多人聚集在此？是放弃了阵地的逃兵吗？"

"瓦夏，别无缘无故地生气。"费道索夫说。费道索夫是一个急躁、脸上有麻子的家伙，他总是靠喝伏特加酒提神。"他们是突击队，确切说是预备突击队。如果我们计划攻击某个固定目标，就派遣这样一支突击队

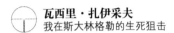
去执行任务。"

我们俩必须去营部报告。在路上，费道索夫向我解释突击队的组成方式："他们总是选最强壮、最勇猛的人进入突击队……"

"是的，我注意到了，"我回答，"刚才，其中一个威胁要剪掉我的翅膀。"

"你别往心里去。这家伙有一支能射穿盔甲的枪。"

*

我们部队受命重新占领马马耶夫岗。第1047团的各营已经投入全力攻击马马耶夫岗东麓的德军防线。从远处，你能看到激烈冲突，我们的突击队正向德军发动闪电进攻。

但是，敌人又有了新花招。他们开始使用轻机枪[1]。它们可以从固定阵地射击，也可以展开双脚架。这种枪能提供很高的射速，发射一轮子弹的速度也很快，远距离的准确性很高，对手持冲锋枪的士兵有更大的威胁。总之，轻机枪的机动性能比重机关枪高百倍。更严重的是，那些移动中的德国轻机枪手有很好的无线电联络，所以他们推测有苏联突击队靠近，几个轻机枪手能同时突然出现，协调一致发动致命攻击。所以，轻机枪阻止我们的突击队完成进攻任务。甚至在漆黑的夜里，德国枪手也能协调一致，这造成我们失去夜里发动进攻的能力。夜战曾经是我们的优势。轻机枪给我们带来的威胁要大于碉堡和加固的掩体，因为他们能在一瞬间出现，又能在一瞬间消失，我们不知道他们将会在何处出现。

---

[1] 扎伊采夫似乎是指德国人兼并捷克斯洛伐克时获得的弹匣供弹的轻机枪。这些枪在进军斯大林格勒之前下发到国防军。英国陆军也根据捷克的生产许可生产了这种轻机枪，也就是"布伦"轻机枪。

*

我的绷带松了，皮肤都露出来了，于是回医疗救助站换绷带。在那里，我遇见营政治指导员叶布罗钦，他中等身材，有一个桶状的胸，说话有嗡嗡声，带着双下巴。不知什么原因，他总是戴着一顶优雅的毛皮帽子。

"给你一个新命令，"叶布罗钦告诉我，"从现在起，消灭那些流动的轻机枪手是你的最高优先级任务。"

"同志，给任务要合理，"我抗议道，"我一个人做不到。"

他肯定我道："我能理解。所以，我希望你从这间屋子里寻找到几个好枪手，然后培训他们去消灭那些到处乱窜的轻机关枪枪手。清楚了吗？"

这是让我开办一个狙击手学校[1]的命令。

*

"兄弟，多尔吉河岸那边的情况如何？"我问一名士兵。他咳嗽出一些鲜血，然后从上到下看了看我，跟着冷淡地说："不妙啊！"

我要挑选的狙击手，只能从这些受伤的人中选出。他们就是我用来塑造狙击手的材料。我发现一名年轻的士兵摇摇摆摆地走出来，他步态不稳，穿着一件毛线衫，脚上是一双巨大的防水靴子，肯定是从德国死尸身上扒下来的。他的头缠着绷带，手抖动得厉害，怎么也点不燃一根香烟。

"让我帮助你。"我说着，并从他手里接过烟草和纸。这名士兵显然

---

[1] 这是唯一一处提到扎伊采夫接到命令组建狙击群的细节。扎伊采夫随后得以吸收亚历山大·格里亚泽夫、沃克林·瓦西里琴科和其他来自太平洋舰队的水兵。扎伊采夫的指挥员后来显然就吸收狙击手给予了他更多的自由裁量权。

是患了炮弹休克症。我暗自诅咒着指导员：他怎么可能希望我用这些糟粕组建出一支狙击手部队？

我做了自我介绍。"高级准尉瓦西里·扎伊采夫。"我说着并伸出手。

"米哈伊尔·乌布申科。"他说着与我握手。他有流畅的男中音，就像是教堂唱诗班的歌手。

"你是乌克兰人吗？"我问。

"对，乌克兰的第聂伯罗彼得罗契纳。"他给予肯定。

"你的头部为何伤得如此重？"我问。

"我是工兵，"他说，"至少应该算一个工兵。我在卡京中尉的地区。当德国人炮轰我们的时候，我们当时正在修建掩体，木板坍塌了，砸着我……"他轻轻拍着自己的头。

"那么，他们为什么不把你运走？"我问。

"我还能战斗，"他说，"我告诉他们我想留下。我无法再拖动圆木头走动，我感到头晕，但我愿意试一试用步枪的运气。"

我喜欢他的态度。他的伤并没有使他变得毫无用处，他显然不是一个懦夫。他的脑震荡很严重，可以轻松地选择转移到伏尔加河对面。然而，他选择留下进行战斗。

我请米哈伊尔上到第一层楼，试一试狙击手的步枪。我向他解释了他的任务，并用废旧军装把他头上的白绷带伪装起来。我们找到一些建筑材料，把我藏身之处扩大，大到能容下我们两个人。他为自己在一个被炸弹炸出的墙旁边找到一个藏身点。

马马耶夫岗，从山脚到山顶，都被浓烟笼罩着。德国空军刚刚结束一场轰炸。在德国飞机离开前，我们的大炮已经轰击纳粹有几个小时。尽管战场处于极端混乱状态，但浓烟正在渐渐散去。米哈伊尔的眼力好，他是第一个看到德军士兵跑过铁路地基开始挖掘战壕的人。

"我应该如何做？"他问。

"这些德国人离我们大约有400米。"我向他演示如何正确调整狙击步枪上的望远镜的视距。

"瞄准目标的胸部，但先不要射击。"我告诉米哈伊尔，"等待他转向你。"

"好，"他说，"但是，为什么要这样？"

"想一下台球游戏，"我解释道，"你永远要为下一个击球做准备。如果你在他背向你时射杀他，他会拿着铁铲落入沟渠。但是，如果你等待他面向你时，他的铁铲就会留在离铁路基础较近的地方。于是，就会有另一个德国人来拿铁铲，你又可以射杀这个来拿铁铲的。

步枪发出巨响。我跳了起来。我还不习惯做老师，别人放枪的声音比我自己射击时的声音要大。我用望远镜观察，及时看到了那个挖战壕的德国人跌入战壕的时刻。几秒钟后，有一个笨蛋来取铁铲，米哈伊尔再次射击。

"瓦夏，瓦夏，我击倒了两个德国人！"米哈伊尔·乌布申科十分高兴。

"打得好！"我祝贺他。我用望远镜巡视战场，发现几支德国人的步枪立刻转向我们这个方向。

"你进步很快，"我告诉米哈伊尔，"但我们必须离开这里，否则我们将会被击倒！"

就好像是在加重我的语气，子弹高速呼啸穿过我们，那子弹如同愤怒的蜜蜂一般。我们滑下梯子到安全地带，在这里我们躲过了德国人复仇的子弹。

这就是我们狙击手学校的开始。我是老师，有了学校第一名学生。我

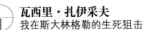

的知识都是从失败中获得的。

*

狙击手必须勇敢，还必须拥有铁一般的意志。尼古拉·库利科夫非常符合这个标准。他是我的学生，也是我的朋友。他是我们最好的狙击手之一。

库利科夫身材中等，但强壮有力。他为人聪明，说话很讲究用词的准确。我是在一次战斗中第一次见到他的，他在战斗中的表现给我留下深刻印象。

马马耶夫岗有一处水塔，水塔南200米处有一辆被炸瘫的T–34型坦克。军士沃洛维泰克带领5名士兵在坦克下挖出一个掩体，设置了一挺马克西姆机关枪，他们都来自沙泰洛夫指挥的连队。他们的位置极好，有很开阔的视野，所以，一旦德军发动步兵进攻，他们能马上给予破坏性打击。德国人几次试图占领这辆坦克，但都没有成功。不过，经过3天的艰苦挣扎，德国人终于暗中包围了沃洛维泰克的小组。但是，敌人忽视了一个重要的因素：我们有一条电话线还连接着被毁坦克中的勇士们。

沃洛维泰克打电话报告说，小组成员的精神状态很好，"……但正遭受来自四周火力的攻击。我们需要手榴弹和机关枪子弹。"

沙泰洛夫连长问谁能自告奋勇。我站在军士阿布扎洛夫旁边，旁边还有加夫雷利·普罗托季亚科诺夫，也来自雅库茨克[1]，操纵45毫米炮。尼古拉·库利科夫也在场，他是新加入这个连的战士。我们几个都在静静地思考接近那辆坦克的最佳途径，生存下来的机会不高。接近那辆坦克意味着

---

[1] 雅库茨克是西伯利亚东北部萨哈共和国的重要城市，大部分人口讲突厥语，俄语是他们的第二语言。

通过一片开阔地带，沿路只有几个弹坑和几个战士的死尸。

我们还没有说话，团指挥部的通讯员自告奋勇要去。他用胳膊肘推着一个弹药箱，艰难地向前慢慢爬。天越来越黑，好像德国人没有注意到他。突然，他身旁爆炸了一串子弹，德军的冲锋枪手开火了。沃洛维泰克又打电话来了，报告说通讯员负伤了，急需帮助。尼古拉·库利科夫接的电话。"别担忧。"他说。沃洛维泰克听出库利科夫的声音。他俩在库利科夫来我们连之前就认识。

沃洛维泰克恳求库利科夫提供帮助："老兄，你能提供一些硬件给我们吗？"他没有提及食物和水，其实他们肯定已经快渴死和饿死了。

"我正要去，"尼古拉·库利科夫说，"烧上俄国茶炉，准备一些开胃菜，别着急。我肯定带上酒。"

此时已经是10月底。一场寒冷的小雨洒落下来。库利科夫抓住一块防水布，放在地板上，请我们大家帮助他把一些食物、弹药包装好，防止被雨水弄湿，同时不发出声音引起不必要的注意。我们做了一个野餐包：手榴弹、子弹、水、荞麦粥、烟草、肉罐头。战士有食物才能打仗，所以食物是我们所说的第二条战线。我们严格按照库利科夫的要求包装好，拖着包裹向前向后走确保不会散开。库利科夫很满意，他把绳子的一头系在包裹上，另一头咬在自己的牙里，爬着出发了。

库利科夫就像一只大蜥蜴似的向前爬，尽量使身体与地面平行，从一个弹坑到另一弹坑蜿蜒行进，他很快消失在黑暗中。此后，我们便无法知道他的行踪。我们没有听到有枪声，觉得他进展不错。

几分钟后，电话响了。是沃洛维泰克打来的电话："尼古拉成功了，我们得救了！"那天晚上，尼古拉·库利科夫来回跑了三趟，被毁坦克车底下的人终于有能力抵御新的围攻了。在尼古拉完成最后一次运输后，沃洛维泰克通知我们尼古拉正在回来的路上。我们等啊，等啊，尼古拉一直都没有出现。我们都害怕他被俘虏了。早晨，我们发现他在我们阵地前睡着了。他安全爬回来了，但虚弱得休克了。我们把他叫醒，他还想再爬着运输一次。我就是这样认识了尼古拉·库利科夫。

总是，命运对我不错，给了我好狙击手。例如，亚历山大·格里亚泽夫（就是萨沙·格里亚泽夫）是一个身材高大的人，淡黄色的头发。他参加海军前做农活。他的体形如同公牛，给他套上轭，他就能犁田。

我们曾在金属加工厂外露宿，常常逗格里亚泽夫玩。我们不得不驻扎在到处是手推车轮子和破旧车床的车间里，没有什么地方可以躺下，没有地方可以舒服地睡觉。我们都很疲惫，所以就招来格里亚泽夫，请他把这些混乱的东西移走。"为什么让我做？"他问。我们就解释说，如果别人做，会患疝气病。

所以，萨沙会安静地把车轴一下子拿起来，或者搬起整个车床，足有几百磅重，他搬运完几乎不流汗。他搬运这些重物就像搬运瓷器。当他放下重物时，他总是轻轻地放下，毫无声音，为的是不吵醒大家。几分钟后，屋里便干净了，宽敞了，我们有空间充分舒展睡觉。

在战斗中，萨沙常使用反坦克步枪打掉敌人的碉堡或敲掉顽固位置。我们的反坦克步枪比我高2英尺，非常重，大约有40磅。但是，萨沙带着露指手套，在他手里，这种武器是玩具，他拿这种枪一整天也不觉得累。在战斗中，他知道如何选择最佳位置，对准敌人的枪眼用反坦克步枪射击。这种枪在他手里成了供个人用的便携式加农炮。

萨沙·乌托夫来自尤斯瑞斯克，许多人称他是打老虎的猎户。有一次，他想对萨沙·格里亚泽夫搞一次恶作剧。乌托夫拿来一根60毫米粗的铁棒，把铁棒穿过反坦克步枪扳机的保险栓，然后把铁棒弄弯绕在工厂的一根柱子上，最后把铁棒的两头卷拢起来。我看到乌托夫干这件事，心想把铁棒弄弯要比把铁棒弄直容易一些。谁有能力把铁棒弄直呢？

太阳很快落下马马耶夫岗的地平线，格里亚泽夫就像一只熊从兽穴出来似的，从城市的废墟中走出来。他那天执勤。他漫步走进屋内，四顾了一下，就像孩子那样寻找自己的玩具一样走向反坦克步枪。看到自己的枪被捆在柱子上，他立刻意识到这是一个恶作剧，但他假装四周没有人在看热闹，低声咕哝道："只有两个人能玩这个游戏……"他平静地弯下身子，抓住拧在一起的铁棒。他的脖子变得像甜菜一样红，血管粗涨、充血。那金属抵抗着，接着吱吱作响，最后铁棒松开了。他把铁棒丢在一旁，落地时发出"叮当"声。

过了一会，晚饭来了，狙击手们都聚集在工厂的锻造车间吃饭。乌托夫和格里亚泽夫——这两位都叫萨沙的人——坐在一起默默吃饭。他俩已经是很好的朋友，可以坐着一起几个小时都不说一句话。晚饭快结束了。我们把饭勺藏进靴帮，碗收集起来在伏尔加河中清洗。最近的水源就是伏尔加河了。

"好，水兵们，我认为应该没有人反对饭后一根烟，对不对？"沃克林·瓦西里琴科提议。

"我和格里亚泽夫不抽，"乌托夫说，"你的烟别人抽不惯。"

这句话不知何故让格里亚泽夫不高兴，他转向乌托夫。"谢谢你的关心，你把我的枪绑在柱子上，难道你也是想帮助我吗？"

"那件事不同，我有原因。"

他俩都站了起来，面对面对视着。他俩都是大块头的人，每个人都超过250磅。

"什么原因？"

"让我解释给你听。假定有德国人闯进来，根据预定计划，所有人都藏起来。与此同时，德国人直接走向你的武器，但发现被锁住了，无论如何使劲，他们就是无法把锁打开。你看，我为你保住了武器！"

格里亚泽夫向后退了一步，微笑着决心给乌托夫开一个玩笑。"谢谢你。请允许我与向我提供如此体贴服务的人握一握手。"

萨沙·乌托夫知道将会发生什么。他跨出更大一步伸出自己的手掌，他的手掌宽大、有茧，手指不仅粗而且指节突出。他俩的手牢牢地紧握住，越握越紧，就好像任何时刻其中一个的手指会被压碎似的，但他俩谁都不松手。

2分钟、3分钟……5分钟，还是没有人放弃。他俩的呼吸变得粗重，最后他俩的肩膀开始抖动。萨沙·乌托夫先放弃了。

"够了，我的手没劲了。"

格里亚泽夫松开了手。我们看见乌托夫的指甲有细微的血珠流出。

"你这头大猩猩把我的手弄伤了！"乌托夫说。

格里亚泽夫笑了。

"什么都压不坏你那像铁铲一样的手掌。"乌托夫说。

他们互相拥抱，然后一起走了。他俩用宽阔、强壮的手掌轻而易举地操纵狙击步枪。

*

第二天晚上，我和米沙·马瑟耶夫返回连队。我们走的是一条不熟悉的路，我俩一路上都担忧遇见布雷区。在金属加工厂前面，不仅我们埋设了大量地雷，德国人也埋，密度比地里的土豆还要高。

我们遇见了博利沙波夫一级中尉。中尉是一个喜欢整洁的家伙，他正站在马克西姆机关枪旁边修剪胡子。他一手拿镜子，另一只手拿小剪刀。只要天上一出现降落伞照明弹，中尉就利用那段照明时间用剪刀修剪胡子。

在相邻的车间，我们能听见德国士兵的说话声和歌唱声。他们正在庆祝占领了这座车间，这座车间的换手次数，多得我都数不过来。

从声音判断，隔壁的德国人数不少，我们三个肯定难以处理。我和米沙·马瑟耶夫希望能叫醒一些我们连的士兵，一起发动进攻。于是，我们问中尉是否可以。他把一个手指掩住嘴唇示意我们要安静。

"所有人都在睡觉，"他低声说，"他们已经战斗了3整天，不要去叫醒他们。我在执勤，但你们现在要帮助我执勤。"中尉笑道。他此时的心情愉快。显然，他认为我们的区域里那天晚上没有特别的危险。米沙表示反对，并说我们两个也很久没有睡觉了，但博利沙波夫打断了他。

"应该有人去做，"他说，"现在轮到你们了。扎伊采夫，从现在起你负责指挥。无论你做什么，千万别打盹，如果敌人有动静，你要发警报。"他边说边轻敲着墙示意。

中尉消失了，他加入了睡觉者的阵营。我和米沙·马瑟耶夫也想睡觉；我们的眼睛能自动闭上。我开始瞌睡，周围的东西变朦胧起来，变得像是一场不相干的梦。我问自己："为什么手榴弹的声音变得如此柔软?……为什么手榴弹爆炸变得像彩虹一样鲜艳的花束？"你知道人只能在梦里见到这样的东西，所以我意识到自己处于时梦时醒的状态，此时我脑海里涌现出一个困难的场面：好像德国人已经从我们身边溜过去了，我仿佛看到一大群德国人，脸上涂着伪装，牙咬着匕首，偷偷摸摸地溜过我的身边。

"我在干什么？"我警告睡梦中的自己，"我没有完成中尉交给我的任务，我没有保护我的朋友，这件事后，我怎么面对朋友的眼睛？"

我诅咒医生不给我们分发苯丙胺苏醒剂药丸，避免我们在紧急情况下犯困。我相信不能睡觉是对人最大的折磨。

我重重地咬自己的舌头，让刺痛唤醒我，就像被凉水浇那样。我嘴里尝到一股咸涩的液体，那是血，我吐了出去。马瑟耶夫来叫我。

"嘿，头儿，"他说，"你就像骆驼一样吐唾沫。"

"没什么。"我说。

马瑟耶夫接着说："我用匕首割我的胳膊。"

"有效果吗？"我问。

"能保持清醒。"马瑟耶夫举起胳膊让我看他胳膊上的几处割伤。"我有一把值得信赖的芬兰匕首，我把它磨快了，就是为了这个目的。"

我们摇摇摆摆走回工具车间墙上有大裂缝的地方，马瑟耶夫是第一个在那里听到德国邻居说话的人。我们慢慢走，在有许多弹坑的工厂地板上挪动。似乎德国人走了，墙那边没有声音了，我们无法分辨出动静。

我们下到一个深深的弹坑底部，紧贴着地面，然后再慢慢爬上来，为的是能通过裂缝看清敌人在做什么。

开始，我们什么都看不见，于是计划进入工具车间，但是，就在我想扭动身子钻过裂缝时，马瑟耶夫突然发现裂缝那一边有德国士兵的靴子。马瑟耶夫抓住我的胳膊，我俩愣住不敢动一动。

我们听见德国人有节奏的脚步声。这个德国兵沿着墙踱步，就像笼子里的动物。他脚跟处的金属闪着光芒。他走到我们躲藏的裂缝处，从他的大靴子看，他应该穿12码的鞋。那德国人踱着步，我俩则思考如何活捉他。最后，我俩决定利用诱饵勾引他，就像捉鱼一样捕捉他。

马瑟耶夫从一个死去的德国军官身上获得一块金表，这个战利品是真货，坚固的金壳，配着一条长长的链子。

当那个德国人走到房间较远的那边，马瑟耶夫把金表放在两块砖的裂缝中间，自己拽着表链。如果德国人试图拿这块金表，马瑟耶夫能猛拉表链，把金表拽回去。我们能从一个脚脖子高矮处的洞中观看成功或失败。

德国人沉重的脚步又走近了，他在离金表几步远的地方止住步伐，站在那里小心地默默看。我们知道他肯定看到了金表。那德国人站了1分钟，令我们吃惊的是，他随后离开了。

马瑟耶夫有些胆怯。"他一定是去找人帮助，"马瑟耶夫低声地说，表现出焦虑："我们离开这里吧，等他和他的同伙回来后我们将会被抓住。"

"放松点，"我说，"他绝不会与别人分享的。他会单独一个人回来。"

我们再次听到靴子走近的声音。那德国兵再次出现了，而且就是他一个人，就像我预言的那样。他手里拿着一条长条木板，头上还有一个突出的钉子，真是一个极好的工具。我心想，这家伙还真聪明。

我看了看马瑟耶夫的脸。显然，他后悔不应该放弃那块金表，但已经无可挽回。游戏已经开始，我们只能把游戏看下去。德国人试了一次，再试一次，他无法用手中的木板钩到金表。那金表被推着转，但楔入裂缝更深。我和马瑟耶夫咬着舌头强忍住不笑出声来。

此时，那个德国人越来越投入，就像一个真正的采金人。他把木板丢掉，跪在地上，把一只手伸入裂缝中，一旦他的手靠近金表，马瑟耶夫就向后猛拉金表几英寸。那德国人果真失望了。他低声咕噜了一些淫秽语言，把步枪从肩上拿下，趴在地上，四肢靠着地面，爬向裂缝……

*

我们把俘虏面朝下押回到已经解放了的工厂。俘虏戴着一等兵肩章。博利沙波夫一级中尉看到我们的战果，咧着大嘴笑了。"抓得好，水兵！"他祝贺我们。

护士克拉娃·斯万托娃出现了。她以不常见的冷漠用碘酒处理了德国俘虏的头皮。一名水兵看到这一幕后痛苦地说："他们放狗咬我们的伤员，可是克拉娃却用消过毒的绷带给这个德国人包扎！"

我们的俘虏处于半清醒状态，因为他不听话，我才用步枪敲了他的脑壳。我们开始感觉是不是当时敲打得太狠了，他有可能再不会有知觉了。克拉娃浸了氨水擦洗他的鼻子。那德国人打了喷嚏，还像被置于聚光灯下那样眨起了眼。与此同时，马瑟耶夫正在叙述我们如何设置陷阱捕获这个德国士兵。

费道索夫中尉感到我们的故事可笑。"朋友，这个故事我听上去像是喂猪的泔水。"费道索夫说。他从随身携带的几个烧瓶中拿出一瓶，喝一大口酒。他的眼睛通红，鼻子圆鼓鼓地胀了起来。"所有人都知道扎伊采夫和马瑟耶夫是两个没用的人，就像用臭狗屎做子弹那样没用，"他继续说，"工厂里有成吨的受伤德国人。他俩可能是在返回的路上随便抓了一个伤兵，然后制造出这个故事，让他们自己看上去挺好。"

与此同时，我们的俘虏还没有醒过来。马瑟耶夫看着我，眼睛流露中怒火，似乎在指责说："动手打人头的是你！"

就在这时，那个德国一等兵醒了，就像一只印度豹似的冲向门口。费道索夫中尉坐在附近的凳子上，他和他的文件被那德国俘虏掀翻了。那德国俘虏本来有可能逃出大门，但乌托夫抓住了他，用胳膊扭住了他，将他绊倒，坐在他身上，把他紧紧扣牢在地上。

德国一等兵眼睛充血，鼻孔向外张开，如同暴怒的动物一般。我们抓住了一个热血斗士。我们的翻译员来了，那德国人不断重复一句话："我没有投降。苏联士兵打仗不公平！"

此时，时间才是上午9点，白天不能把俘虏送过伏尔加河。离太阳落山还有很长一段时间，我们有许多更紧迫的事需要照顾，于是我们把俘虏捆起来，置于战地医院里，让克拉娃监视他。我们把他捆得紧紧的，靠在散热器上。

我和马瑟耶夫吃了一顿奢侈的早饭，我至今还记得那美味。但吃饭使我想睡觉，就好像我还不够疲惫似的。一夜没有睡觉使我们疲惫，疲惫控制着我们，我们感到精力越来越弱。博利沙波夫一级中尉同意我们休息3个小时，马瑟耶夫走下地下室，打开铁门，在伤员中找了一块地方，立刻打起呼噜来。

尼古拉·洛格维年科来找我，他让我去科托夫上尉那里做汇报。洛格维年科拿着文件，带着我和博利沙波夫一级中尉爬过废墟，来到工厂办公楼。自从我们再次夺回这座建筑物，营指挥部就设在这座建筑物的地下室里。指挥部的房间很大，有两扇大铁门。房间放着一个有优美雕刻花纹的木制写字台和一个黑色长毛绒沙发，这两件家具在科托夫上尉来之前就有，是德国入侵前原工厂管理层使用的。桌子上放着一个军用公文包，公文包上架着通往前沿阵地的电话。把精美的民用品和军需品如此布置在一起，看上去十分古怪。

从地下室的窗户中能看到一个高塔，塔上站着炮兵观察员费奥法诺夫，他向炮兵指挥官伊利亚·舒克林发回指令。舒克林坐在科托夫的旁边。

舒克林脸上有笑容，但科托夫好像很心烦。他面色惨白，就像一张白纸，手在颤抖。我猜测可能是因为伤亡巨大，他越发感到指挥困难。

我感到自己的腿几近脱力，左右摇摆着。副官告诉科托夫我到了，这位面带怒火的营长上下打量我，看到我的状态不对，呵斥洛格维年科道：
"把他带着，让他去睡觉！"

我摇摇摆摆走出地下室，几乎睁不开眼睛。此时已经接近中午，天暖洋洋的。像往常一样，德国飞机在头顶盘旋嗡嗡作响，浓烟和无烟火药的味道飘浮在空气中。此时我对这样的气味已经感到习惯，如果没有德国飞机在头顶飞，我反而会感到有什么不对头。

两支反坦克步枪架设在一堵破碎的墙上，除了这堵墙，工厂已经没有什么建筑留下了。一名身材高大的士兵站在两支枪的旁边，他表情愉快。

"高兴见到你，"他用不完整的俄语说，"我——加夫里利·德米特里耶维奇·普罗托季亚诺夫，来自雅库茨克。指挥官让我在这里向德国坦克射击。你是谁？"

我做了自我介绍。

"认识你很高兴，是的，很好。你需要休息。去我的房间，有毯子和枕头。睡一个好觉！"

加夫里利带我进入他的掩体，我倒下便睡。掩体由木板和弹药箱构成，但我此时似乎觉得这是我从来没有见过的最奢华的羽毛床。

*

10月24日，我们狙击手小组被转移到友邻团的阵地上，位置处于马马耶夫岗东坡。小组成员，除了我外，还包括：格里亚泽夫、莫罗佐夫、赛金、库利科夫、德沃叶斯金、科斯特科夫。我们被安排在半山坡上，此地的位置对我们不利。我们的战壕与上坡有一个角度，离纳粹前沿有150米远。

在我们来到之前，这个阵地由反坦克炮手连把守。一周前，他们的指挥官负伤，被送回战地医院。他的士兵坚持作战，由于缺少指挥官，他们的伤亡很重，死者的尸体就埋在战壕里。只有少数人活下来，这些人在不同的枪位之间爬来爬去，给敌人制造一个阵地有许多人活着的假象，他们的防守力仍然令人生畏。

一条细小的小溪流过这个区域，水很清澈，像磁铁一样把纳粹吸引到泉水岸边。我们的向导是原反坦克部队的一名下士。他告诉我们，尽管很危险，但德国人每天早晨都来溪水旁，随身携带着简便油桶和饭盒。他们在那里甚至建造了一个澡堂。"那地方是狙击手最佳的监视点。"他评论说。

黎明时分，我请向导带我和格里亚泽夫去看看那条溪水，向导不愿意。"那地方挤满了德国人，"他说，"当德国人来时，他们要进行搜索性射击。他们用手榴弹炸所有弹坑，对所有大得足以藏身的草丛用机关枪射击。"

此时是4点钟。"他们还没有开始射击。"格里亚泽夫评论说，他永远是乐观主义者，他的乐观说服那名下士带我们去。那地方确实安静，可以说是寂静，没有任何照明弹。我们在地上爬，就像猎取野狼一般。我们边爬边寻找散兵坑或废弃的战壕。

爬行对狙击手来说很困难，长长的步枪在背上不断地晃来晃去，迫使你停下来调整步枪的位置。同时，你的冲锋枪总是拖拉着脏东西，如果脏东西进入冲锋枪的机械部分，当最需要冲锋枪时，脏东西肯定使冲锋枪堵塞。

我们躲在一个沟壑的底部，听着上面的德国人用机关枪乱射，就好像要消灭影子似的。他们打枪真是毫不犹豫。德国人的机关枪的射速比我们高，很容易区分。突然，机关枪子弹以某种确定的方式向我们头顶射来，打在离我们较远的沟壑壁上，尘土落在我脸上。

"见鬼，"我说，"那家伙看见我们了。"

"别担忧，"下士说，"他是围着自己转圈射击，不是针对我们。"

确实，机关枪继续扫射，射向东面的沟壑壁。

"当他射击别处后，我们可以藏到那个土坡后面。"他指着一处若隐若现的土坡说。"我所属的连队就在那里。"

我们等待着，德国机关枪手完成他的环射，开始装弹。我跑到那土坡的背后，但反坦克连并不在那里。那里是一个被废弃的阵地。

我们急速地喘息着。萨沙面对着那下士。

"你们的人在哪里？"萨沙问。

"见鬼，我不知道，"下士说，"听着，他们就在附近。我要在附近走一走，大声说话。我需要做点什么，让他们知道，别把我当作纳粹了。如果德国人抓我，我就大叫。如果沿岸是安全的，我就来叫你们。没有我发出的信号，别出来，好吗？"

我和格里亚泽夫同意了。下士要出发前，突然想起最后一件要注意的事。

"如果德国人捉住我，由你们决定如何攻击他们的战壕。我们的马克西姆机关枪在那边。"他指着南面。"从较近的这一边，你们能向火车桥射击，也可以射击马马耶夫岗。在较远的那一面，你们能射击到水塔。在那里靠近战壕北端的地方，埋了两支冲锋枪和弹药。埋枪的地方以德国人的钢盔作记号。"

下士小跑着消失在黑暗中，我和格里亚泽夫藏起来等着。不久，我们听得下士的声音，他喊道："多若嘎，多若嘎。"

"多若嘎"[1]是一个不错的俄语词。如果有人说这个词，你可以立刻分辨出他是俄国人还是德国人。德国人不能发正确的音，他们说的时候总是发"塔若嘎"的音。用这个词也能挑出穿着俄军制服的德国侦察兵，只要他说"塔若嘎"，抓他没错。

下士的声音消失了。他到底去哪里了？我们等待着，甚至不敢抽烟，因为抽烟有可能暴露我们。我们猜测德国人有可能在下士出声前就切开了他的喉咙。我们的焦虑随着时间过一分钟就增多一分。最后，下士出现了，我们松了一口气。我问他是否找到了别人。

"我们部队只剩下2个人了。"下士心烦得说不出话来。"他们正等着你们，"他低声地说，"一个连的德国兵从昨晚开始试图包围他们。"

"那么我们还等什么？"格里亚泽夫咆哮道，"我们走！"

"等一下，"我提醒格里亚泽夫，"首先，我们要去拿下士告诉我们的那些埋着的弹药。"我们爬到贮存弹药的地方，尽可能多带手榴弹。然后，我们跟着下士与他们连的幸存者汇合。

还没有见到他们，我们就闻到了他们身上的气味。他们在岗位上已经坚守了几天，连排泄都在岗位上进行。我们看见的第一位战士用瘦骨嶙峋的手紧抓着马克西姆机关枪。他极度消瘦而且未刮过脸，眼睛中透射出疯狂，衣服褴褛不堪。他没有回头，说道："敌人……看，看到了吗？"他指着地平线上的一些轮廓。"他们正准备发动进攻，占领另一条战壕。"眼露疯狂的机关枪手说。"如果我们允许他们占领这里，伏尔加河上的码头就在他们迫击炮射程内了。他们将能打沉所有横渡伏尔加河的船只！"

格里亚泽夫生气地说："我能看见，"他说，"我要送给他们几个菠萝手榴弹，让他们开一个晚会。"

---

[1] Doroga：开路。

月光下，我和格里亚泽夫看到周围被残杀的红军战士的尸体。幸存者根本无法掩埋他们。他们都是年轻人，有的看上去不过18岁。格里亚泽夫用手将一名年轻士兵还张开着的眼睛闭上。

"瓦夏，"他咆哮道，"我要让德国人还债。还所有人的债。"

时机对我们极为不利，我必须使格里亚泽夫冷静一点。我抓住他像熊掌一样的手说道："你用几颗手榴弹打击他们，又能怎样？他们的人数是我们的30倍，而且你也不熟悉地形。"

"头儿，你有好主意吗？"

"首先，"我说，"我们要掌握地形，想办法设置一个埋伏区，从而把他们压制在战壕里。"

"做这些无用的事干吗？"格里亚泽夫摆脱我，我快要抓不住他了。"给我几颗手榴弹。"他说。

"听着，你这个笨牛！"我对他说，"在战壕里，他们的视线有限，他们无法看清我们从哪里射击。那个战壕就是最好的陷阱，就像一个射击通道……我们可以用手榴弹阻止他们逃跑。你理解了吗？"

格里亚泽夫有些犹豫，但后来说理解了。

*

宣布早晨到来的不是小鸟的叫声，而是机关枪吐出的子弹从头顶飞过。我们已经在阵地最前沿设置好狙击位置。我们的次序是先打掉敌人的军官，接着是军士，然后用手榴弹摧毁敌人的武器。

夜里，又有5个狙击手来了。萨沙·格里亚泽夫一夜都在沉思。早晨，他的脾气爆发出来。他等着我分心，然后拿空的防毒面罩装满手榴弹，出发爬向那个能阻止德国人向新目标前进的机关枪。萨沙爬到了位置，德国人没有发现，于是他向德国人扔了2颗手榴弹。德国机关枪手和装弹手立刻被消灭，那挺机关枪也被毁了。

正如预料的那样，一场不对等的战斗打响了。我们唯一的逃生道路被堵死了，撤退已经不可能，我们要为应付来临的围攻做准备。

24小时过去了，又是24小时，我们守住了阵地。我们用狙击步枪阻止德国人接近溪水，德国人很快变得异常干渴。我们进一步决定射穿德国人所有的简便油桶。德国人简便油桶的水流干了，我们听到德国人在诅咒、在嘶叫，我们觉得这是一个绝佳的笑话，

"他们不久后就需要喝自己撒的尿。"尼古拉·库利科夫说。

我此时正在为德国人强加给我们的可厌生活而发怒。虱子开始在我身上活跃起来。我不停地抓挠，实际上大家全一样。我越来越恨德国人。

"我们必须防止他们靠近那水源，"我命令其他狙击手，"我们要他们丧胆。"

所以，我们不断的狙击迫使德国人放弃去溪水取水的念头，并且还把大部分德国迫击炮手变成伤亡人员。因而，我们使德国人无法投射一枚迫击炮弹到红军的码头。

第二天晚上，营通讯员来了。他带来了命令："尽全力守住阵地。"这条命令的意思是不许撤退。

此时已经是10月底，秋天到了。天气不断变化，一分钟前，太阳还非常热，过了一分钟，寒冷的小雨就来了，这就是大草原的气候。我们忍过了4天这样的气候，一会醒一会睡，枪永远紧握在手中。有几天晚上，天下雨，有大风。我们拥挤在战壕的角落，雨一边下，我们一边冷得发抖。战壕底部有积水，持久的潮湿带来各种苦恼。早晨，天非常冷，我们醒来发现自己的屁股与大地冻在一起了。

法西斯分子不愿放弃。他们不断从山上滑向我们的战壕，由于滑得太近，我们能用手榴弹把他们击退。但是德国人是从一个比较陡的坡上滑下来，所以我们必须保证把手榴弹扔到足够远的地方，以免它们滚回我们的阵地。

格里亚泽夫的手臂长，非常适合这项工作。他像农场里的看守人，来回巡视农场的栅栏。如果敌人进入手榴弹的距离，他就扔手榴弹。他从未失过手，他的手臂非常优秀。手榴弹飞走后，你会看见尘土和浓烟，空气变得清澈后，德国人的肢体散落在四处，还能看见衣服的碎片和武器。格里亚泽夫能把手榴弹扔到100码远的敌人那里，而且是向山上扔！他真是有一个神奇的胳膊。

有一次，我刚拿起几颗手榴弹，他就从我手里夺走，劝告我道："瓦夏，你的胳膊太短！我们绝不能浪费这些手榴弹！"

第4个夜晚快要结束了，马马耶夫岗的夜空见不到一颗星星，浓烟遮蔽了一切。德国人的阵地离我们只有100米远，我们能听见他们金属罐和盘子发出的声音，还能听见他们用后脚跟相互敲打刮掉靴子上泥土的声音。我们能偷听到他们的对话，但我和格里亚泽夫听不懂一个德文词。实际上，我和格里亚泽夫在高中都学过德文课，但我们成天逃课。现在，我们诅咒自己的错误。

我们的身体虚弱得摇晃。晚上，我们必须监视敌人的活动，没有人能睡着。有时，我们能看一眼伏尔加河，看一看风吹起的黑色波纹。头上寒冷的天空让我们厌倦。我们看着云层在城市废墟上缭绕，能刺痛人的风变得越来越冷。

显然，德国人自我们来后就没有喝过新鲜水，他们变得绝望。我们的飞机成功地压制住他们，效果极好。第4天早晨，德国兵从战壕里走出来，形成不同的小组，向我们慢慢走来。

即使德国人尽量把身体靠近地面，但他们是在下坡，没有掩护，整个身体都暴露出来。我们根本不需要用瞄准镜，射杀他们就好像射杀桶里的鱼。如果他们是在想获得一种出奇制胜的效果，这种效果已经没有了。

这是德国人最后一次向我们坚守的阵地发动进攻。由于我们的战士射击准确，还有充足的手榴弹，我们完成了上级的命令，阵地仍然保持在我们手中。根据战场的情况看，我们不会在短期内撤离。我们中没有一个人曾想到要撤退。

10 艰难的处境

已经是第4天了。我们等着黄昏来临，然后再进入新的狙击点。太阳终于开始下山了，落山的太阳把高空中的薄絮般的卷云涂抹成艳丽的粉红色。纳粹飞机发动机的嗡嗡声已经逝去，城市上空渐渐变得黑暗，但离太阳完全消失还有一段时间。

午夜前，我们完成了建立狙击点的任务。疲劳和干渴向我们袭来。复仇心重的德国人埋设一串地雷，切断了我们去溪水的道路。感谢我们的机关枪和狙击手，德国人也无法接近溪水。战斗成了僵局。

又是一个没有晚餐的夜晚。饥饿折磨着我们，干渴使我们更加难过。我们嘴里像是有棉花，舌头也肿胀起来。

我们默默工作，谁都知道别人也在忍受着痛苦，没有必要说什么。我知道大家都急需睡觉，哪怕是躺下一小会恢复一下体力，因此我让其他人休息一下，只有我和科斯特科夫继续保持警戒。

我和科斯特科夫商量好如何用信号枪报警，然后分别去各自岗位。我能清晰地回想起那晚风的细语、敌人营地里香烟余烬的闪烁和随风飘来的丝丝烟草的香味。我越来越想抽一根烟，但我们谁都没有香烟了。

*

不断传来金属碰撞产生的沉闷叮当声，德国人说话的声音也不时传来，这些声音钻入我的耳朵，让我发疯⋯⋯我必须抽根烟。科斯特科夫好像能读懂我的思维，开始翻腾德国兵死尸的衣服口袋。他马上就发现有用的东西。我们点燃香烟，烟草驱赶走疲乏。

我们怀疑德国人正在策划一个陷阱。我们在设置假岗位，自然德国人也会做类似的安排。要想智胜敌人，必须保持机警。

我把一把铁铲深深插入大地，将耳朵紧贴铁铲的柄，仔细听铁铲柄的声音，就像在听一支听诊器。一把插入大地的铁铲，就如同放在人胸部的听诊器，能传递大地的震动。我的铁铲不能告诉我别人的心跳，却告诉我震动来自马马耶夫岗顶。

附近一定有德国人在开凿岩石，或者是在向大地里打入桩子。在稍远一点的地方，他们正在向地面抛掷重物——可能是给养箱或沙袋。我没有听见挖掘声，但在比较近的地方，我却听到了脚步声。纳粹的长筒靴在战壕里上上下下地行走，步履沉重。他们在换岗。

我叫醒了尼古拉·库利科夫，他正在旁边睡觉。他像抽筋一样站起来，就好像有人用热水烫了他似的，但手却紧握着步枪。

"他们在哪里？"

"没什么，"我说，"请放松，该你站岗了。"

就在尼古拉揉眼睛的时候，德国人继续换岗。一名新的德国机关枪手上岗了。他显然是生手。虽然天很黑，我仍然能瞄准，把他干掉了。没有人来接替他的位置，敌人也知道这个机关枪位置太暴露在外了。

我是这支小分队的指挥官，所以我有责任在就寝前检查所有事项是否都正常。我来回在阵地上走了走，狙击手们都非常劳累地睡着了，被换下班的人正龟缩着休息。

我回到库利科夫的岗位。战壕的掩体地上都铺着大衣，这些大衣是死去同志们被掩埋后留下的最后礼物。我钻到一件大衣下面，渐渐睡过去。

库利科夫站在机关枪旁边，因为他害怕坐着会睡着。他说如果自己坐下，睡魔肯定会征服他。他说还是站着能抵御睡魔，不介意这样目标比较大。

黎明前，按照协议，库利科夫叫醒了我。

他的第一句话是："头儿，我渴得要命。"他几乎不能说话，因为喉咙太干了。"我以为晚上能比白天要好一点，"他说，"但我错了。"

天色每一分钟都变得更亮。狙击手们，一个接着一个地找我，所有人都要水喝。

"我们必须挺过这一关，放松一点。"我安慰他们。他们的嘴唇破裂了，脸变了形。突然，科斯特科夫的眼睛里闪现出灵感的火花。他一屁股坐在地上，就像狗一样摆动着大腿，转过头大叫道："弟兄们，我们有水了！"然后，他沉默下来，满足地微笑着。我们围着他看，没有人看到任何水的迹象。很有可能是因为较长时间的困苦，他精神错乱了。最后，格里亚泽夫说话了。

"嘿，快点，让你高兴的水在哪里呀？"

科斯特科夫是格鲁吉亚人，眼皮耷拉着，眼球是黑色的。

"你问水在哪里？你知道附近有多少德国人的死尸吗？"

"那又怎样？"格里亚泽夫现在真的被激怒了。

"他们身上带着的军用水壶里都有水，"科斯特科夫就像疯子一样大笑，"我们只需把他们的水壶集拢起来！"

"我应该能想到这点。"库利科夫用嘶哑的声音说。他在我们中是最干渴的一个。"但是，取水壶需要掩护。"

我和库利科夫、德沃叶斯金回到前沿阵地。我刚把枪放在肩上，德国人安置在一条堤上的机关枪就开火了。但是，这名新机关枪手没有掩护。我瞄准目标开枪了，机关枪立刻哑巴了。这时，我意识到敌人正在监视我。也许，这名机关枪手被当作幌子，目的是发现我的位置。

我必须改变狙击点。我留下我的钢盔，用以诱骗敌人，然后，我拿起潜望镜，赶紧跑到战壕的其他位置上。

与此同时，格里亚泽夫、科斯特科夫完成收集德国人水壶里的工作。他们已经回到我们的集合地点——每当我把帽子举在空中，我们大家就去那里集合，但这次是科斯特科夫举起示意集合的帽子。

我几乎不敢相信他们能如此快地完成任务。当我走到集合点时，我看到有5个军用水壶放在科斯特科夫脚旁边的防水布上。水壶里有一些铁锈色的、苦涩的液体，在正常情况下，我们绝对不会碰这种东西。但是，在目前的情况下，我们贪婪地喝下，立刻重新变得精力充沛。

*

大约早上10点钟，马马耶夫岗南坡有大量德国军队转移到我们的左翼。德军利用一条直通山岗底下的深堑壕把部队运送到一处炮兵阵地，从这块炮兵阵地能轰击到铁路桥。敌人的意图很明显：他们想设立一处能伏击我们坦克的阵地，防止我们从铁路桥上运送坦克发动进攻。

如果我们在城市内的军队发动类似的进攻，这个炮兵阵地能造成极具破坏性的打击，但我们没有多少坦克发动装甲进攻。所以，我只指派沃洛维泰克、波德库波夫两名狙击手去监视德军的炮兵阵地。他俩目前处于后备状态，团里的通讯员带着他俩来到我们阵地上，刚刚加入我们狙击小组。

他俩占据了极佳的位置，做好伪装，开始射杀德军炮组的成员。那天，由于他们的努力，敌人有好几组炮成了哑炮。从山坡较高的地点看，我能毫无遮拦地看到他们的武器。他们像蛇一样躲在南面的掩体下，他们的炮位似乎很安静，也许被放弃了。

我们很快就停止注意这个炮兵阵地了，这是我们的错误。德军向这个阵地偷偷派遣了更多的部队，但他们避开我们的视线，尽量躲藏起来。他们肯定在策划什么，但我们无法知道。

我仔细观察。我吃惊地发现德国人的防线萌发出一些触角——出现了一些垂直的既窄又浅的战壕，战壕的端头挖出一圈散兵坑。我们早就应该发现这些触角。他们是什么时候挖的？昨晚？好像不可能。难道说铁铲助听器欺骗了我？我不能相信所看到的一切。

此时，波德库波夫看到有一组敌兵聚集在"5号地界标"处，那地方是一处废弃的防空炮阵地，它在山坡上，离我们有80米远。

还没有等我说话，萨沙·格里亚泽夫拿起2颗手榴弹，飞快地跳入战壕。

"停下，回来！"我大叫道。

萨沙止住脚步，转过身来，一副垂头丧气的样子。

"头儿，请允许杀敌。我冲上去一次就能把敌人消灭光。"他像母鸡一样唠叨着。然后，他以更严肃的态度继续说："头儿，不能只允许你一个人去杀敌人。让我们大家也能得几分。"

　　萨沙这样指责我，让我吃惊，但我应该早有思想准备。我们所有人都记录狙击战果。与我一样，其余狙击手也都需要统计命中人头数。每个狙击手要确定杀敌的数目，还要有目击证人签字。我确实比其他人多杀了几个德国人，萨沙·格里亚泽夫曾为我签字作证。所以，我能说什么呢？我挥了挥手，表示同意。他露出胜利的微笑，并风趣地说："早该如此！"

　　但是，我的良知困扰着我。我努力回想自己是否存在滥用权利问题，或者是否曾利用别的狙击手做诱饵去引诱我想打的目标。我不记得有类似的事，我认为自己是正直的。

　　我的组员围着我站着，他们抽着烟，一言不发。他们能看出我处境困难。过了一会，我开始考虑"5号地界标"附近的敌人，我努力回想他们是如何部署的，他们如何大摇大摆地让我们发现他们，突然我被一个念头使劲推了一下。

　　"兄弟们，这是一个陷阱！尼古拉，"我对库利科夫说，"……快去告诉格里亚泽夫，这是一个骗局！"

　　不幸，库利科夫没有能及时追上格里亚泽夫。萨沙必须打开手榴弹的后盖才能投掷，他动作有些迟疑，多花了一秒钟时间才开始身体向下躲避。一颗爆炸子弹击中了他的右胸，他的身体像一个上旋球似的转动。

　　我跑过去看他。萨沙知道自己要死了，他的眼睛变得呆滞，表现出听任自己命运的镇定。萨沙掏出自己的共青团卡，对我说："拿着这个，瓦夏……你是对的，这是一个骗局……告诉我的同志们，我至死是一个共产主义者……"

　　我们把他的衬衫脱下，他的伤口有多处窟窿，我们试图给他包扎，但没有希望了。他的右胳膊无力地垂着，血从躯体涌出。我们没有可以用来包扎的东西，所以我们撕下他的军装做绷带。

萨沙眼睛睁开了，这是他死去前最后一次。他接过我手中浸透鲜血的军装，挂在步枪头上，脚下摇摇摆摆着，向着敌人挥舞着。

"扶着我。"他低声地说。我按照他说的做，让他面对着敌人阵地。"我们一定会胜利！"他大叫道，然后他倒在我们的怀里。

纳粹的阵地大约有80米远，萨沙的手榴弹没有炸到他们，一颗德国人的子弹却从我们手中夺走这个伟大的人……我诅咒自己没能阻止他。

格里亚泽夫在他的共青团卡上用潦草的笔迹为他儿子写了一封短信："爱国者不是嘴上说他爱国家，而是随时准备为国捐躯的人。为了这个国家，为了你，我的儿子，我准备牺牲一切。长大吧，我的儿子，学会用行动而不是嘴去爱国。"

我们掩埋了格里亚泽夫，我们发誓向德国人复仇。

*

那天，尽管实际上德国人没有发动任何大规模进攻，也没有任何空袭，但对我们来说仍然是困难的一天。德军两次派遣部队侦查我们在水池附近的阵地，我们则用机关枪击退他们。

太阳低落，地平线变成深红色，一阵小风刮起来了，只有空中漂泊的硝烟能告诉风的方向。黄土落在地上，落在我们的肩上。

夜晚终于落下帷幕。灰色和天鹅绒黑色涂抹着东方的天空，西方的天空上有一条闪着亮光的光带。我神情恍惚地看着地平线。格里亚泽夫的死对我打击沉重，我不想吃，不想喝。只有敌人营地发生的事，才偶尔打断我的悲伤。

山坡下，临近铁路的地方，有我们的一处医疗救护站。我能听见那个地方传来的金属叮当声，还能听到我们军官的呼叫声。

一挺德国机关枪开火了。根据我的判断，射击没有目标。好像不是在射击野狗——斯大林格勒的狗都游过伏尔加河对岸去了。我猜测德国人在向空中射击。

突然，一阵浓雾降临，连眼前的手都看不清。这像沥青一样的黑暗把我推回现实。敌人的侦察兵喜欢这种天气，他能轻松地爬上来，抓一个俘虏回去⋯⋯

一件千年不遇的事发生了。在浓雾的保护下，第3营的士兵成功突围，来到我们身边。他们的指挥官是费道索夫，原第2营的参谋。像往常那样，他闻上去就像一座酿酒厂。他见到我后，拍了拍我的背。

"祝贺你，扎伊采夫，"他说，"你们整理一下，回后方去，这是梅捷列夫少校的命令。"

当然，我顿时感到一阵轻松，但内心有一种好奇。"为什么要这么急？"我问。

费道索夫点燃一根烟，并给了我一支，直直地看着我，皱着眉头。

"这事与你无关。"他回答，语调嘶哑。显然，费道索夫对被派遣到这个像绞肉机一样的阵地感到痛苦。

斯捷潘·克亚克霍夫是政委，一个刚毕业的大学生，他走过来与我握手。与此同时，费道索夫在旁边溜达，大口喝着藏在大衣里酒瓶中的酒。

在旁边没有人时，克亚克霍夫告诉我一件事，费道索夫共青团卡被取消了，这是对他长时间酗酒的一种惩罚。费道索夫被任命领导一个由刑事犯人组成的连队，并被派遣到这个最危险的前沿阵地来。按照斯大林的说法，费道索夫来这里是为了"用血来赎罪"。

"其他的人也都受到过惩罚？"我问。

"是的。"克亚克霍夫回答。

"那么，你来这里是为了什么？"

克亚克霍夫想了一下，安静地说："我是政治委员，我负责这里的一切事务，包括部队的道德和他们的罪行。我们还没有完全放弃他们，我们希望帮助他们弥补所犯的错误……"

我们开放地、诚实地进行谈话。在谈话结束的时候，我请克亚克霍夫向我们的长官梅捷列夫少校提交一个请求。我解释我们狙击手小组为什么不能现在离开的理由，因为我们必须为萨沙·格里亚泽夫的死复仇。我还要求我和我的小组需要先休息24小时。

*

我回想起小时候玩的一个名叫"神秘卡片"的游戏。每张卡片都有包含许多笔画和线段的复杂罗网，游戏的目标是找到令人感到迷惑的混乱中的男孩。对小孩来说，这个游戏很有趣。

我们在斯大林格勒的游戏类似于我们小时候的游戏。我们在废墟的混乱中花费无数小时寻找敌人的踪迹，唯一不同的是现在的代价巨大。

*

此时，我们的狙击手在马马耶夫岗已经战斗了几天，一直都没有休息。我们的精力已经耗尽，主动意识也消磨光了。

我们知道每个角落后都有危险，但是，整天躲在肮脏的弹坑里盯着一动不动的废墟景象，这必然导致疲惫。疲惫的后果就是犹豫和漠视，这些危险即将压倒我们。

尽管狙击手打一枪只要几秒钟，但为这几秒钟所做的准备工作却需要几个小时仔细观察。但是，如果狙击手疲惫了，他的观察也就变了。他变得没有用处。更危险的是，他自己可能会处于危险中，也有可能让别人处于危险之中，因为他不能集中注意力了。处于这种精神状态的狙击手，他的精力不能集中在战斗上。

所以，上级批准我们24小时休息。由于我们的防线获得了在费道索夫领导下的刑事犯连的增援，我们被敌人包围的危险减退了。让我们睡几小时觉是安全的。

在我们爬回"寝室"（掩体）前，我们给费道索夫的部下指出最危险的地方，他们也许认为纳粹的战壕已经被废弃。当然，我们知道实际情况。

自从我离开符拉迪沃斯托克以来，这是我第一次能够睡一整天觉，直到壶罐发出的叮当声吵醒了我。午餐时间到了。

我在吃了麦粥、肉、热茶之后，又回去睡觉了。我们仍然有时间睡觉，所以我们爬回洞里，再多闭眼几个小时。爆炸声把我们震醒。我们拿到一身干燥的新军服，我穿上新军服。穿新衣服的感觉很好，我穿着那身湿透的破旧衣服打滚已经有好几天了。

纳粹的机关枪在附近嚎叫着。我拿起战壕潜望镜，扫视地平线。潜望镜的光学性能很好，特别适合从固定位置进行观察。

我能看到曳光子弹被打到头顶的土里，曳光子弹发出沉闷的撞击声。我好奇这些曳光子弹从何处而来。我需要寻找到发射曳光子弹的源，然后消灭掉。如果不能在夜里把它打掉，也要在黎明前把他打掉。我应该能顺着曳光找到发射者，但机关枪很快安静下来，就好像机关枪手怀疑有人正在寻找他。

德沃叶斯金靠近我，在我旁边坐下。外面传来一阵噪声，像是敲空罐或空壶发出的声音。一挺德国机关枪开始射击，我发现这个机关枪枪手就是我曾注意的那个。

"他在射击什么？"我问，"谁在那里丢下碗？"

"我们的伤员被转移到医疗救治站，他们的用具掉在地上，发出哗啦声，那狗娘养的德国人就用机关枪射击。"德沃叶斯金告诉我。

我被激怒了。"他射击我们的伤员，难道不是吗？"我恨自己没有尽早把这个罪犯消灭掉。我下决心找到那个德国枪手，阻止他的行为。

*

战斗在黎明再次开始。我在浓烟和噪声中改变了位置。

由于我们狙击手被获准休息24个小时，所以，敌人的这个枪手才有机会进行他恶毒的行径，这实际上是给他的罪行判了一天的缓刑。现在，他获得了一个错误的印象，他可以不受惩罚地作恶，他变得越来越无忧无虑。他不应该使用曳光子弹，这些曳光子弹引导我直接找到他。我发现了这个捡破烂的混蛋，把他放在我的十字瞄准线上，他的枪就此哑巴了。

ОТСТОИМ
ВОЛГУ-МАТУШКУ!

↑我们将保卫伏尔加河，母亲河！

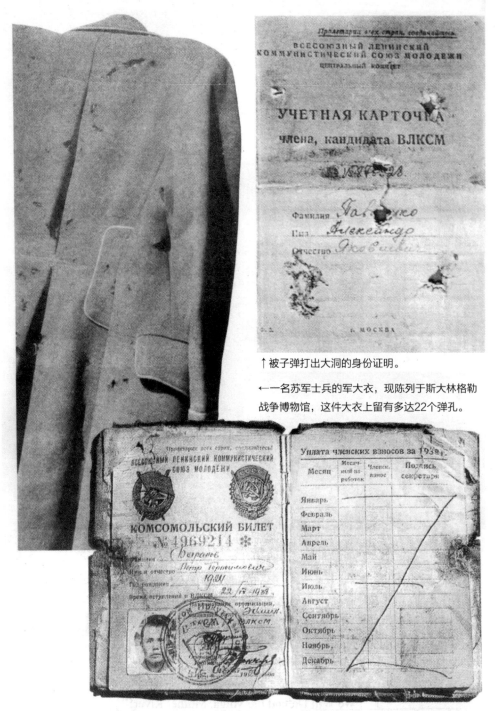

↑被子弹打出大洞的身份证明。

←一名苏军士兵的军大衣，现陈列于斯大林格勒战争博物馆，这件大衣上留有多达22个弹孔。

↑被子弹打穿的共青团员证，这本证件的主人是帕维连科·亚历山大·雅科夫列维奇。

↑瓦西里·扎耶采夫（图中最左）与他的狙击小组的3名狙击手的合影，在他左手边的是加里
凡·阿布扎洛夫。

↑位于斯大林格勒市中心附近的儿童"手拉手"雕塑。本图拍摄于战役的最高潮时期。

↑斯大林格勒民兵。拖拉机工厂的工人们被动员起来，与纳粹战斗。

↑红军冲锋枪手正准备渡过伏尔加河。苏制PPSh-41冲锋枪的弹鼓可以装填多达71发子弹。

↑一名苏军政工人员，崔可夫将军以及瓦西里·扎伊采夫三人在斯大林格勒战斗期间的合影。

←一张手写的笔记，标题是："我们必须为马特维的死报仇雪恨！"这张手抄报在牺牲者的战友之中传看，以鼓舞士气。

In the name of the people of the
United States of America,
I present this scroll to the
City of Stalingrad
to commemorate our admiration for
its gallant defenders whose courage
fortitude, and devotion during the siege
of September 13, 1942 to January 31, 1943
will inspire forever the hearts of all
free people. Their glorious victory
stemmed the tide of invasion and
marked the turning point in the
war of the Allied Nations against
the forces of aggression.

May 17ᵗʰ 1944   Franklin D Roosevelt

Washington D.C.

↑美国总统罗斯福向斯大林格勒的保卫者们发出的贺信。

↑ 瓦西里·扎伊采夫与崔可夫元帅在战斗结束20年后重游斯大林格勒时的合影。

↑ 扎伊采夫和他的狙击手战友安纳托里·契科夫在20世纪60年代初的一场聚会上的相遇。这次重逢对于扎伊
　采夫来说是一个巨大的惊喜，因为此前他一直以为契科夫已经阵亡。

11

锁定敌手

我尽可能整理好自己的衣帽，我萎靡不振而又难以入睡，我找昨晚受伤的士兵谈话。为了能确定杀死萨沙·格里亚泽夫的德国狙击手的位置，我必须知道这些伤员在何地、何种情况下受的伤，我特别关注被子弹打伤的人。不过，每个伤员受伤的方式各不相同，每个伤员受伤的现场都包含着敌人火力的线索。

在医疗救助站的门口坐着一个体格魁伟的士兵。他明亮的眼睛里显露着士兵苦涩的幽默，这种幽默能伴随着我们直到临死的那一时刻。他的嘴上缠着绷带，张不开，下巴处的绷带因沾满了风干的血迹而呈现出棕色。这名士兵有一双大手，手上沾着血渍，他的衬衫上也沾着血渍。医疗救助站的人员告诉我，这名士兵是前天早晨受伤的。他的身份证明上写着他的名字叫斯特凡·萨福诺夫。他旁边放着一本没有了书皮的破书，一截折断的铅笔夹在书中间。

"德国人是如何瞄准你的？"我问他。

那士兵用责备的眼光看着我，好像在说："滚开！"但是，我忍受着他那令人畏缩的凝视，等着他的回答。最后，他拿起铅笔在书上潦草地写下他的答复。

"你也许还没有闻到我的气息，是不是？你最好……"

"没关系，"我回答，"请平静下来。我不想打扰你，我只想知道你是在哪里受的伤，如何受的伤。了解这些很重要。"

他用写字告诉我，他在给同伴点烟时遭到枪击。

"你给他点烟的同伴，他在哪里？"

"我的朋友丘尔金，他还在前线。" 斯特凡·萨福诺夫用铅笔写字的手爆发出一股狂怒，"就要轮到他了……德国人肯定也会用子弹射穿他，会很快的。"

"白痴！"我冲口说出，"我们在山上坚守了整整一周的时间，成功躲避了德国人的火力。然而，你们这些新手只在一个夜晚就损失一半兵力！你们出了什么问题？"

斯特凡·萨福诺夫潦草地写下一些猥亵的话回应我，但我站起来，像一阵暴风雨似的离开医疗救助站，回到我的岗位上。

我在战壕中爬行，爬到萨沙·格里亚泽夫的坟前待了一会，然后钻进一个掩体。我好像一天都在爬行，现在终于可以直立起来了。我必须想出办法来对付我们这个地区里的德国狙击手。我知道他们就在附近，但他们的行动极为谨慎。

按照纳粹的规则，德国狙击手的位置深藏于他们防线内，而我们的狙击手则趴在阵地前沿。德国人还设置许多假狙击手位置，这使得我们很难挑选真正的目标。我根据自己不多的实战经验总结出两个要点：观察要敏锐，保持适度的谨慎。

假定你发现太阳下似乎有打火机的反光，于是你判断那是一个敌人狙击手正在用打火机点烟，有可能是，也有可能不是。你必须开始留意那一点，等待进一步的发展；应该会出现冒烟。你再等一会，也许会等很短的时间，也许会等长达一天，然后有可能在几分之一秒内出现一个钢盔。即使你能够把当前的这一个敌人打掉，但你不要射击。由于有许多假狙击手位置，你还是不能确定真正的狙击手敌人在哪里。如果你打了一个假位置，不仅没有获得什么，反而暴露了自己。

按照我的这个思路，我必须监视曾经向萨沙·格里亚泽夫射击的整个区域。我爬到波德库波夫的位置上，开始观察敌人。一个小时过去了，两个小时过去了，我的眼睛开始疼痛，脖子也因长时间抬头而感到疲惫，但我没有移动。波德库波夫曾向我保证，我观察的区域内没有德国狙击手，因为他已经检查那个区域不下十几次。于是，我爬走了，我信任他。但是我有一种预感，他的那个区域内有德国狙击手。由于有这种预感，外加有想为萨沙·格里亚泽夫报仇的欲望，我顾不上不舒适的感觉，坚持观察不松懈。

一个小时候，波德库波夫和莫罗佐夫拿着战壕潜望镜回来了。我们三个人一起观察我已经观察了数个小时的那片区域。德军6管火箭炮向我们的头顶倾泻大量炮弹，炮弹在我们阵地中间爆炸，掀起大量的泥土。你甚至能看到德军的火箭弹在飞行，那些火箭弹在高速飞行中发出尖锐的声音。它们不断摇摆着，就像烂泥中的小猪。我们称德军的6管火箭炮是"笨驴"，原因是我们每天能听到三次它的尖叫声——第一次在太阳升起的时候，大约凌晨5点钟；第二次是中午；第三次是在太阳落山黑天到来前。德军炮手知道我们的担架队何时把伤员运送过伏尔加河。

我们安静地趴在地上观察着。落山的太阳照亮了整座山，太阳的光线照亮了所有隐蔽之处，给每一处裸露在外的地形进行着消除疲劳的沐浴。有一些德军的炮弹空壳散落在山坡下。此时，由于我没有什么事可做，便开始数炮弹空壳，一共23个。然后，我再数一遍。有一个炮弹空壳缺少底盖！这样的空弹壳，就像一个望远镜，能让人看得很远。我把自己的身体抬高了一些。

突然，那空弹壳里发生了什么——就像打火石的闪光！一颗爆炸子弹刺入我身后的土堤。

尼古拉·库利科夫当时就趴在我旁边的战壕岗位上。

"头儿，你还活着吗？"他问。

我受到惊吓，但我是绝不会向库利科夫承认的。

"我在卷烟，难道不是吗？"

"出了什么事？"库利科夫继续问，"你又受伤了吗？"

"我很好。"我回答。

"那么，你为什么要那样跳起来？"

"我们没有很好地跟踪敌人的踪迹。"我回答。接着，我向库利科夫解释所发生的事。德国狙击手依靠艰苦的劳动和冷静的计算，赢得了先发制人的机会，而且他的确先开枪了，他已经向俄国狙击手开枪了……

晚餐后，我们讨论行动计划。库利科夫、波德库波夫投票支持一个大胆的方案，在天黑后，我们向空弹壳堆积的地方前进。赛金、科斯特科夫不同意，他俩坚持认为德国狙击手不会笨到仍然还坚持待在那个位置上。莫罗佐夫、库兹建议等待，等到德军发动全面进攻时，我们趁着混乱发动反击，直捣德国狙击手的位置。"为了我们能完成任务，有一点背景噪音比什么都好。"莫罗佐夫说。

说实话，投入如此多的人力和时间，就为了找到并杀死一个德国狙击手，这种仇杀方式是违法部队规定的。但是，我们内心燃烧着为萨沙·格里亚泽夫复仇的烈火。

现在做决定太匆忙。"让我们睡一会觉再说。"我建议道。

我的朋友们都知道我喜欢晚上睡觉，因为我不睡一觉早晨很难过。所以，我们推延做出决定，而我爬到一个角落就寝了。

凌晨1点钟，我醒了。尼古拉·库利科夫正在清理他的步枪，其余人都在梦乡中。库利科夫看到我醒了，他拿起步枪，拖着枪走入黑暗。我拿起冲锋枪，带着一包手榴弹，跟在他后面。那天夜里很安静，这是暴风雨来临前的安静：我们知道敌人正在准备一次新的进攻。我在离睡觉的同志们不远的地方选了一个位置，仔细地用耳朵聆听周围的宁静。

*

我记得遇见我们集团军司令瓦西里·崔可夫上将的情况。当时是10月16日早晨，敌人此时正在准备发动进攻。司令官邀请我们几个人到他的掩体中接受奖励。崔可夫问候我们。他是一个黑黝黝的矮个子男人，波状的头发，目光逼人。他那天早晨保持着惊人的镇定。

"坚守斯大林格勒，就是把敌人的手脚给捆住。这场战争的结局，以及数以百万计苏联公民的命运——其中包括我们的父母、妻子、孩子的命运，都取决于我们在这里誓死战斗的决心。但是，我们绝不允许让愚勇支配自己。"

他把一枚勋章放在我手掌中，那勋章写着"献给勇士"。

"我们在斯大林格勒的废墟上坚守的决定是遵循'绝不后退'的政策，这项政策是人民给予我们的要求，"司令官继续说，"如果我们撤退，我们如何面对国人的眼睛？"

我感觉将军的问题好像是在对我说的。他知道我出生在乌拉尔山脉，也知道我的家庭——祖父、父亲、母亲——还留在那里，也知道我们许多同志的家庭还留在那里。如果我放弃斯大林格勒，我无法面对他们，我的眼睛里将充满羞愧和耻辱。我回答了将军："我们无路可退；伏尔加河岸没有退路。"

不知什么原因，我说的话吸引了崔可夫，也吸引了他的共青团助理伊万·马克西莫维奇·维杜卡。维杜卡面貌很苍白，有浓密的眼睫毛。他抓住我的手，握了许久，不断地说："这就是精神，这就是你的共青团主义精神！"

那晚，我正在捕捉杀死格里亚泽夫的凶手，维杜卡来巡视我们的阵地。现在，我不知道计划是否能成功，明天早晨的结果将会如何？我希望我的计划成功。我意识到我应该让维克托·梅德韦杰夫来帮助我。

梅德韦杰夫是一个好人。他喜欢批评行动迟缓的狙击手。最近，他曾给一些新兵讲他的经验。他走向前去，一句话不说，解开自己的烟草袋。那个烟草袋用红丝绸制成，上面有绣花。他一边展示烟草袋，一边说："请想一想我的女孩为制作这个所花费的时间！"烟草袋放着两个空子弹盒。"这就是我想对你们说的，"他宣称，"让我们朝着战场前进。我认为，在战场上我们能有更好的相互理解。"

就是他，维克托，一个在实践中学习狙击手技巧的士兵，他从不满足口头谈论。我还能记得上将崔可夫说："狙击手的任务不是等着敌人自己把头竖起来，而是要迫使敌人露面，然后毫不迟疑地把子弹射入他的脑袋。"

就是在这些思想的帮助下，我才熬过了那个漫长、孤独的夜晚。寂寞是无情的，就像是套在我脖子上的绞刑套索。

最后，我看见地平线出现一条光带。我准备回去叫醒同志们，但他们实际上正向我爬过来，带来早餐和弹药。有一个同志说："团侦察兵抓住了一个纳粹，并让他说了话。德军将在早晨6点炮击我们前沿阵地。"

我们毫不在乎地打开荞麦粥热水瓶，又吃了一些烤干面包，然后来到自己的岗位。离我岗位不远的地方，我遇见红鼻子头的费道索夫中尉。他已经命令士兵各就各位，正等待着进攻。

"6点钟到了，德国人没有搞出什么噪音呀。"他说。

尼古拉·库利科夫正在等着我，他此时的位置就在那一堆德国空弹壳对面。我们在那里藏匿了一个炮兵潜望镜，以便我们监视之用。从这个潜望镜中，所看到的并没有让我们吃惊：22个空弹壳像昨天一样躺在那里，那个没有底盖的第23枚空弹壳失踪了。它去哪里了？

炮兵潜望镜是一个极好的光学仪器。几百米之外的地形细节和士兵服装细节都能在潜望镜中看清楚。我用潜望镜一块树丛挨着一块树丛地查看，一个散兵坑挨着一个散兵坑地查看，利用有放大功能的光学仪器深深地穿透敌人阵地。我扫描到山顶，山顶旁边有一个下陷处，那个失踪的没有底盖的空炮弹壳就在那里！那是一处有伪装的堤防，几乎是空的。通过那个空壳，我能看见德国人的潜望镜。空弹壳的阴影遮挡了太阳，隐藏了反光，帮助空弹壳后的那个人看清他的目标。好像他的步枪上有摄像功能，这说明他在射击时能拍下每个目标的情况。

"原来你在这里……"我低声说道，就好像不愿让他听到而逃跑似的。怒火使我颤抖。为了能冷静下来，我把潜望镜交给尼古拉·库利科夫，告诉他在哪里能找到那个德国狙击手。我告诉他容易识别的特征，引导他的目光定位在目标上。

"看到他了！他在那里！"尼古拉惊叫道，"头儿，我们必须消灭他，否则他也许会跑掉。"

有人走到我的背后，我能闻到伏特加的味道。此人在我背后低声地说："等一会，小朋友。让我看看真正的德国狙击手！"他是费道索夫中尉。我们没有注意到他走近。敌人进攻延后，这使费道索夫感到焦虑，于是他比往常多喝了两倍的酒量。

至此，我已经监视这个德国狙击手长达1个多小时。我有些烦躁，精力开始难以集中，我迫使自己消除这种疲惫。与此同时，那个德国人不断通过潜望镜窥视。要不了多久，他肯定能发现我们。我问库利科夫："尼古拉，你觉得他看见咱们了吗？"

"我们有办法知道。"

尼古拉后退一点，用一根木棍把钢盔举过土堤几英寸，那德国人开了一枪射穿了钢盔。他开枪射击这个诱饵，这让我感到吃惊。也许，等待目标的厌烦使他忘记了他冒的风险。

我看到德国狙击手把一只手放在枪托上，伸另一只手取空弹盒。收集空弹盒是成功完成一次射击后的标准动作。为了做这件事，他需要把头稍微离开潜望镜。这给了我提供了瞄准所需的几英寸的距离……就在那一秒钟，我的子弹呼啸着离我而去，那子弹射入他额前的发际线，他的钢盔向前倾斜盖住他的眉毛，他的步枪纹丝不动，空弹壳仍然留在步枪之中。

费道索夫中尉跳到战壕底部，拿起我的小笔记本，这个笔记本上记着我的"人头账"。费道索夫舔了一下铅笔，用大写的字母记下："我目睹了这场决斗。在我眼前，瓦西里·扎伊采夫杀死德国狙击手。——费道索夫。"

这就是我们如何向杀死萨沙·格里亚泽夫的凶手复仇的故事。在接下来的几天里，我的学生狙击手尼古拉·库利科夫，满怀信心在相同的位置消灭了两个在山坡上工作的敌人炮火观察员。

与此同时，我们情报人员预计的敌人进攻没有真正地展开。德国人肯定意识到我们抓到了俘房可能泄露了秘密，判断我们一定把伏尔加河对岸的巨型大炮对准了他们的进攻。敌人大概进行了大量的推测，最后决定不向麻烦里钻。一天又一天，敌人变得越来越谨慎、越来越狡猾。

12

致命的耐心

马马耶夫岗是控制斯大林格勒的要地。马马耶夫岗的南翼，在地图上标识着102米海拔高度，从南翼的顶点能俯瞰整座城市。此时，这个顶点在敌人手中。因此，如果我们无法占领顶点，至少要坚守马马耶夫岗的南坡，以便从侧翼和背后攻击敌人，我们的这个期望是容易被理解的。在斯大林格勒，没有比这里更好的地形。实际上，我们能窥视到市区中陷进泥潭的纳粹士兵的后脑勺。

然而，在发动进攻前，我们需要稳固阵地，防止敌人从背后袭击。纳粹的机关枪和狙击手从地势较高的上坡上，随时向我们射击。在坡顶上，德国人安置了许多着弹点观察员，以便指导大炮和迫击炮的轰击。所以，我们被迫同时在两条战线进行战斗，这在斯大林格勒战役中是非常普遍的现象。很难区分出前线和后方，一切都混淆在一起。

在我们有能力抵御来自上方的德军进攻后，开始把注意力转移到相反的下山方向，也就是通往南坡的道路。这条道路上有多处小隘谷，路上覆盖着厚厚的刺果丛、蓟丛、蒿草丛、接骨木林。

我们的兵力已经减少了，对狙击手的需求大增。维克托·梅德韦杰夫和他的搭档被派往肉食加工厂附近，赛金和莫罗佐夫在冷冻库一带活动，阿布扎洛夫和纳西罗夫被安置在金属加工厂的"射击场"，目的是让他俩培养新狙击手，并压制德国人的势头。

我们把狙击手集合点设置在一条地势较低、地形复杂的战壕中，这条战壕的附近有一条弯弯曲曲的溪流，它是流向斯大林格勒市区的沙里沙河的源头。

我对同志们说："昨晚，我听到河岸下面有壶罐撞击的叮当声，附近有一个水洼，周围有多刺的矮树丛……"

"是的，有矮树丛，"尼古拉·库利科夫证实我的说法，"但是，那又如何？"

"我认为德国人正在利用水洼渗透到我们阵地上来。"我说。

我们商量了一下，决定对水洼进行24小时监视。我们分为两组，从两个侧翼观察。

夜晚来临了，头顶的高空不断有照明弹爆炸。在照明弹发亮的几秒钟内，地面上的物体随时都有可能被照明弹的光亮拖出黑暗。

赛金和乌布申科，在河的东岸设立狙击点，我和尼古拉·库利科夫在西边。我们爬向西面的陡峭岸坡，面前就是非常浓密的矮树丛，然后在一个很深的弹坑的底部龟缩在一起。纳粹的战壕就在我们一百米以下。我们能看见德国人的一挺机关枪。在照明弹下，我们看到两具意大利人死尸，他们就躺在弹坑边上，尸体已经高度腐化了。

"雅利安人只埋葬自己本族人，他们把意大利人留给秃鹰享用。"尼古拉小声说。

"秃鹰早就不来这里的弹坑了。"我回答。

坐在弹坑底下数枪炮声的数目，这个任务不夸张地说实在是无聊。我们无事可做，于是爬出散兵坑活动。我们从弹坑边上把下泥土，然后踩在坑底我们的脚下。就这样，我们每个小时都能使弹坑变得更浅一些，我们的位置更高一些。我俩都想抽烟，但抽烟暴露位置，已经证明是一种致命的行为，必须抵制，就像我们常说的："忍耐吧，哥萨克人，忍耐使你成为首领。"

我感到疲惫难忍。由于我们所处的位置极不舒服，我浑身处于高度紧张状态，我的背部不断产生疼痛。不过，我们的工作接近尾声。我为自己建造了一个舒服的散兵坑，能进行观察和射击。尼古拉在我的右手边，他的条件要艰苦一些。他的位置不是很舒服，但他并没有抱怨。他已经开始监视工作。天越来越亮，我很想知道我们在河岸另一边的同志们的情况如何。

就在这时候，灌木丛前的空地上出现一个德国兵，手里拿着一支桶，冲锋枪挂在脖子上。他停下脚步，四处张望，就好像在等待什么人。这样的情景在战争中非常常见：对面站着的那个人不知道此刻他已经是命悬一线。我把潜望镜的十字瞄准线对准他的头部；我能看清他嘴唇的颤抖、平滑的白牙、笔直凸出的鼻子、刚刮过胡子的苍白脸。又有两个德国兵出现了，都携带着桶，他们一起消失在灌木丛中。

5分钟后，德国兵再次出现，他们使劲提着沉重的桶。我们能看出，向山上爬是对他们的一种挑战。水在桶里飞溅，但德国兵没有让水溢出一滴。水对他们非常珍贵。的确，他们将付出沉重的代价。

库利科夫就像一个发怒的雌鹅，发出嘶嘶的声音，但我此时还不想射击，同时也禁止他射击。

"能控制自己的战士是强者。"我低声地说。我决定那天不开枪。首先，我要观察附近是否有德国军官，如果有，他的官阶是什么。其次，我

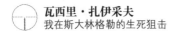

要阻止德国人去小溪的道路。

我的精神极度紧张，于是决定抽一根烟，使精神松懈一下。我紧靠着坑底，这样烟在我的头顶时就会消散。我刚点燃香烟，库利科夫叫我："看看这些猪在干什么！"

我放下香烟，拿起炮兵潜望镜。我看到一幅有趣的景象。

就在那个德国兵曾经拿着桶等待的地方，几个德国军官正在洗澡。他们已经把衣服脱到腰部，有一个士兵正用一个铝杯子向他们的背上浇水。附近的地上放着三个军帽，帽檐有军官的银色饰带。

"这些狗娘养的还真会过快乐的日子！"库利科夫狂怒不已。他把枪握得紧紧的，握枪的手都变得苍白。"这些入侵者过着无忧无虑的生活，而我们却生活在肮脏之中，陪伴着这些发出臭味的死尸。让我们给他们一点娱乐，好不好？让他们看看如何按照我们的音乐跳舞！"

"现在不行，"我说，"让他们多活一天。别吵了，叽叽喳喳干扰工作。"

我惹恼了库利科夫。他滑到散兵坑的底部，点燃了一根烟。

"士兵害怕扣扳机，就别来战场。"他不满地说。

我说："我知道，我们的任务是打掉军官。但是，这些人只是中尉。如果我们把子弹都花费在他们身上，那些大人物永远不会露面。"

"我们应该抓住眼前的机会。"库利科夫表示了不同意见。

就在这个时候，远处传来枪击声。我能听见从水塔后面发出坦克发动机的隆隆声。我看见德国人从小溪跑出来，他们从那块空地向下进入战壕，消失在堤岸下，钻进深挖的战壕。在那里，他们能安全地抵御任何轰炸和枪击。

德国人显然很有效率，他们已经把这片河岸变成一个堡垒。进入战壕的通道有一个碉堡保守，碉堡里有两挺机关枪。他们可以用钢板把枪眼关闭。在碉堡和战壕之间有一条很窄的战壕相连，我们能看见德国兵在其中往来穿梭。

此时是中午时分，饥渴和附近死尸散发出的臭味折磨着我们。我们昨晚出发时未曾想到需要埋伏在这种地方，所以没有带够食品和水。

就在这时，德国人的机关枪响了。我们能清楚地看到机关枪的射击，子弹从我们钢盔上呼啸而过。我和库利科夫把潜望镜的距离设置在300米远，并同时开始射击。但是，德国机关枪手继续向我们射击，就好像我们是在放空枪似的。

我们这个地区的枪声很快停息下来，其停止的速度与枪声发起的速度类似。我和库利科夫都坐着，沉默不语。我俩都感到耻辱，因为没有打中目标。库利科夫低着头，很困难地呼吸着。

我劝他休息一下。我们开始分析为什么我们会打偏。也许，是因为过度紧张引起错觉，或者我们的潜望镜坏了，或者我们的气息太粗不平稳，或者就是扣扳机时移动了枪身？我看了看库利科夫。他把头埋在手里，思考着究竟什么地方出现了错误。

"忘了这事吧，休息一下。"我说。

与此同时，我仍然在抱怨自己。我记得我们击中了目标。在某些条件下，很难测量距离。绝不能相信第一次的估计值，为了可靠，总是要再加上10%。还有一种情况，如果附近射击的枪很多，附近的空气会变热，面前会产生热浪。于是会出现海市蜃楼现象，目标会显得比实际要近。射击时要考虑这些问题，一种修正办法是添加几米距离，另一种办法是向目标附近的一个东西射击，以便修正距离后瞄准。

峡谷底下又响起纳粹机关枪声。库利科夫把眼睛靠在潜望镜上。

"听着，"我说，"我把距离调整到350米；你用400米距离射击。"我们再次瞄准，同时射击。机关枪停止了。库利科夫杀死了机关枪手，而我的子弹射在目标前面。

黄昏时分，我和库利科夫回到狙击手集合点，那里的情况像往常一样。其他狙击手交换着各自狙击的故事。每杀死一个德国人都对应着一个精细的故事。沃克林·瓦西里琴科用一小段铅笔头在一大块夹板为大家记录分数。

"我用1到5分评定你们的等级。"他宣布。他在我们名字旁边写下2、3……在我名字后面，瓦西里琴科写上0分。

"头儿，你要加油干！"他说，"如果你继续这样，你就得上黑名单了。"

一个来自第3营的战士运来了晚饭。他把一大麻布袋的子弹和手榴弹放在荞麦粥保温瓶旁边，然后跑开了。

黎明前不久，我们离开集合点，各自进入不同的位置。我决定去封锁敌人的碉堡和军官洗澡的地方。我计划设置3组狙击手搭档，埋伏在不同地点。我和库利科夫选择了一个新地点，但距离昨天的地点不远。

尽管我有潜望镜，但开始时看不见碉堡。上一次弹幕炮击中产生的一些浮土破坏了我的视野，我必须把它们推开，然后才清楚地看到进入敌人掩体的入口。

一个红头发的纳粹，戴着德国军官帽子，在入口处窥视一会儿，之后，就不见了。我把这个消息通知给其余狙击手，各小组分散开来，但小组之间仍然能进行通话。所有狙击手都完全清醒了，知道有目标要来了。我们焦急地等待着。

军官帽子尖出现在防空洞旁边的战壕中，你能看见纳粹党所用的十字徽章的边缘。他帽子露出战壕边缘的部分变得越来越多，最后帽舌也能看见了。

"你怎么想？"我问库利科夫。

"这是德国狙击手设置下的圈套，他让我们先射击。"军官的帽子消失了。"这并不精明。"他说。

"他们派一个狙击手在这里干吗？"我问。

库利科夫耸了耸肩："鬼才知道。我猜他想死。"

"不错，"我说，"昨天，你打掉机关枪手时，你的子弹射中了那家伙的什么部分？"

"那家伙的嘴。"库利科夫回答，"他的后脑勺应该被掀掉了。"

"这样的一枪，"我说，"你给了德国狙击手一个挑战，现在他们已经接受了。他们正在找你尼古拉。你必须设计一个样子非常像你的诱饵。"

温柔的阳光温暖着我们的肩膀，一场使人精神振作的小雨飘洒在我们脸上，1942年秋天最后几个温柔的日子就要过去了。

午饭时间流逝走了。一个驼背的德国兵走近德军的战壕。他没有带武器，只拿着一个水桶。我们觉得应该放过他，因为他看上去下贱、可怜。

又过了10分钟，战壕转弯处出现一个优雅的德国军官。他外套上带着上校徽章，一个德国狙击手跟着他，这名狙击手拿着一支绝佳的狙击步枪，步枪上有一个巨大的潜望镜。在那个浅战壕转弯的地方又跟着出现两个德国军官，其中的一个有少校军阶，带着被橡树叶串包围的骑士十字徽章。他后面是另外一个上校，此人抽着长长的烟嘴。

我和尼古拉交换了一下眼色，这是我们梦想中的情况。附近还有许多纳粹小鱼在欢蹦乱跳，而我们只想捕捉大鲨鱼。狙击手放过小鱼，就是为了获得眼前的大鱼。

我向尼古拉点头说"就是他们"，并发信号通知其他狙击手。

我们的子弹出膛了，3个群射，每个2发子弹。我们打出了教科书式的爆头枪，4个德国人倒在地上，他们的生命就此耗尽了。现在，德国狙击手死了，库利科夫的挑战将没有人来回应，我们已把对手送下黄泉。

10分钟或15分钟后，没有人接近被杀的德国人。我们感到厌倦，也就在这个时候，巨大的炮火轰击像雨点一样落在我们头上。我们爬到地下，焦急地等待着，爆炸声越来越靠近我们。

当炸弹接近地面时，它尖叫着发出强烈的声音，使你感到自己的头就要爆炸了。你躺在地上，感觉到自己的内脏正在被一个绞盘慢慢地拉出来。你会对自己说："这东西肯定要我的命……"爆炸过去后，如果你还能向四周看看，你才知道自己还活着，这时你能发现炸弹正在其他地方爆炸。

接着，德国空军来了，俯冲式轰炸机低飞掠过对我们发动攻击，每次攻击都有9架飞机参加。这下，我们才知道刚才杀死了几个重要的德国高官，否则他们不会调动飞机来轰炸。有一颗炸弹击中了我们的战壕，炸弹的冲击波把我们都掀翻了。我和瓦西里琴科暂时失去了听力，库利科夫和莫罗佐夫感到害怕。

连续2个小时，轰炸机、大炮、迫击炮无情地把炸弹倾泻到我们阵地上。当阵地最终平静下来后，气急败坏的费道索夫中尉出现了。

"你们做了什么，让这些德国人如此恼怒？"

德国人的炮火轰击也破坏了他们自己在铁路隧道附近的炮位。伪装大炮的木栅栏也被炸断，于是敌人的炮位完全暴露在外。敌人炮组成员像老鼠一样拥挤在大炮旁边。这简直就是我们狙击手的野外实习日。

我们把步枪在土堤上放稳。我和库利科夫开始打掉敌人的军官。由于有像洪水一样的噪音，我们的步枪声被掩盖了。我们伪装得很好，敌人不知道子弹从哪个方向射来。敌人的军官一倒地，附近的士兵惊呆住，陷入混乱之中。性急的德沃叶斯金和赛金看到我们的战果，也加倍努力消灭了许多德国人，都是脸朝着地倒下。这时，德军炮兵才知道发生了什么。剩下的几个幸存者卧倒隐蔽。

在经历了一次这样的进攻之后，敌人已经无法在白天再次发动进攻，他们的大炮在晚上也用处不大。我们已经彻底地消灭了他们的优势。

晚上，狙击手在集合点会面，评估一天的战况。我提出一个问题："你们现在能理解我们昨天的耐心了吗？"

"我们正等着你的下一个计划，头儿。"尼古拉·库利科夫回答道。

13

士兵的天空

战场上，士兵每一天都充满了忧虑，经常短缺东西：今天吃什么？明天的弹药够吗？在何处躺下来休息？但是，只有一个东西不缺，那就是危险。你必须直面危险，否则你就会死。还有许多其他的危险，比如，坏天气。你可以这样幻想：你头顶的天空开了一个洞，所有的雨、冻雨、最寒冷的气候都冲着你坠落下来，以致你连骨头都在颤抖。你感觉自己是一个无助的人。

不过，我有一个观点，在战争中，能感觉到危险是非常重要的。没有类似的困苦，永远不会有能上战场的战士。在激烈的战斗中，你可以幻想每一发子弹、每一颗炮弹都是瞄准你的。你可以对自己说："你就是敌人的主要目标。"但是，别做傻瓜——你必须躲避交叉火力，必须躲避榴霰弹。你有一个脑袋，用脑袋打仗，对敌人用一些计谋，把自己从一个无助的人变成一个不易受攻击的、难以看见的小老鼠。

当然，虽然这种夸张的说法能改变你对自己身体大小感受，能减少你暴露给敌人的程度，但它无法真正地保护你。如果敌人果真把进攻重点放在你在的地区，那就意味着你正在为一块最重要的土地进行战斗，你有理由感到焦虑。你脚下的土地不仅是阵地的中心，而且也是地球的中心，你有权利这样说。无论别人说什么，你都可以不信。

那么，你此时是怎样的一个战士呢？你是一个巨人——因为你正在保护地球的中心；你是无形的，子弹和榴霰弹都打不着你。

*

我关于如何在战斗中保持沉着镇静的评论，源自我在不同战场上的经历。当你战斗的地区平静下来后，你会产生一种敌人在所有前沿阵地都后撤了的感觉。但是，德军实际上对斯大林格勒进行持续不断的轰炸，不分白天与黑夜。进攻之后跟着反攻，孤立的爆炸迅速演化为全面的交火，典型的例子包括：在红十月工厂附近的战斗、围绕巴里卡德工厂区的战斗、在市中心的战斗。由于我们早已习惯战场的喧嚣，我们只对附近的战斗感兴趣，比如马马耶夫岗上的战斗，再比如爆发在我们左边或右边的战斗。

在我们杀死他们的军官后，德国人进行了报复，此后，战场渐渐平静下来。但是，这种平静是相对的。敌人运来一挺新机关枪，横扫我们的战壕。河谷里的枪击从来没有停止过，时常有子弹穿过掩体的顶部。

太阳落山前，天下雨了。老天把大门打开，用雨水缓解我们的干渴。较浅的散兵坑被雨水填满。我们拿出罐、桶、热水瓶来收集雨水。沃克林·瓦西里琴科做了一个澡盆，显然不会有桑拿。他和其他几个人在战壕上支起防水布做遮掩，开始洗澡。没有浴巾，他们就拿士兵大衣的碎片替代。当然，没有供他们刮磨皮肤用的白桦树枝。

他们光着身子在掩体里逛荡，把湿透的衣服绞出水来，就好像他们是在为洗衣店工作似的。我们的军装仍然肮脏，但这身军装是我们仅有的。没有人有额外的军装，军事委员会没有发给我们新军装。

*

掩体就是士兵的家。它不仅是厨房，也是卧室，又是洗手间，它包容士兵生活的一切。阿克肖诺夫上尉闪进我们的"宫殿"，他是师长的副官，身材魁梧，脸总是红红的，涂着润发油的一头细发闪着亮光。他正在调研前线狙击手小组的工作。显然，他满意我们的工作。

在这样一个下着雨阴湿寒冷的夜晚，我们能睡一个好觉，因为我们知道纳粹不会发动进攻，当然，他们的大炮和迫击炮会不停地轰击我们的阵地，爆炸导致我们的掩体墙壁产生震动。

"谁有多余的烤面包干吗？"阿克肖诺夫谨慎地问道，"我从早上就没有吃东西了。"

那天，轮到沃克林·瓦西里琴科执勤，我们水兵把他称作船员住舱区的总管。由于我们正处于物资匮乏中，他抱歉地说："我们已经两天没有吃东西了。"

阿克肖诺夫上尉靠近我们的煤油灯，打开笔记本，记录下一天的印象。

我溜出掩体，检查一下执勤的德沃叶斯金。一场寒冷的小雨正在下着，外面漆黑一片。

一颗德军的照明弹在峡谷上方爆炸。它飘向地面，一支降落伞正延缓它的下降过程。它前后摇摆着，缓慢下降，速度慢得就好像是要在天上待到天亮似的。

两个人影闪过被照明弹的刺眼光芒冻结了的河谷。我大叫道："是谁？"

没有人回答。德沃叶斯金抓起冲锋枪，从防空洞中跑出来，涉水去河谷的另一面。沃克林·瓦西里琴科跟着也去了。与此同时，阿克肖诺夫上尉让我去他那里。

几分钟后，掩体入口处点燃了一根火柴。入口处的防水布像演戏一样被挑起，沃克林·瓦西里琴科拿着一个钢桶就像敲铜锣似的走进来，德沃叶斯金也跟着走进来。他俩就像吹喇叭似的喧闹，跟随他俩的是两个我们期盼已久的人——阿赫米特·哈比布林，我们的给养供应员；斯捷潘·克亚克霍夫，我们的指导员。克亚克霍夫与每一个人握手致意，他从背上取下装得满满的背包，交给阿赫米特，并说："分配给大家。"

真是天赐之物啊！这一次，他们带来了比我们期待的还要多的食物，有罐装牛肉和盒装的荞麦粥。沃克林·瓦西里琴科把一堆罐头敲打得叮当地响，然后，我们只顾吃东西，谁都不说话了，你只能听见咂嘴声和吞咽声。我们都饿了。甚至阿克肖诺夫上尉也不断地唠叨："……荞麦粥，好东西，是不是？"

阿赫米特像往常那样从斯大林格勒市中心带来新报纸、家信，这点我们早已习惯。瓦西里琴科还没有收拾完吃空的罐头，阿赫米特已经从大衣里拿出一大包信件，掷在煤油灯下。眨眼之间，信件就分发完毕。掩体里寂静无声，所有士兵都屏住呼吸，阅读从家里寄来的信件。

就在大家都在享受这短暂的幸福之时，只有瓦西里琴科无事可做，他不会有家信，因为他的家已经是德军占领区，在乌克兰的波尔塔瓦。在这种时刻，瓦西里琴科的样子很难看。我觉得我们应该等待他不在场时再看家信。但是，一个人接到家信时，他怎么可能忍得住不马上看呢？

阿赫米特并不是一个健忘的人，他了解瓦西里琴科的处境。突然，他把一封信举过头顶，大声说道："我这里有一位姑娘写来的信，她住在车里雅宾斯克市，她要求信一定要交给一名异常勇敢的战士。你们说我应该把信交给谁？"

没有任何犹豫，我们异口同声地回答：

"瓦西里琴科！"

"当然，应该给瓦西里琴科！"

"给他，给他，对，给他！"

这封信是沃克林·瓦西里琴科在开战已经一年半后，第一次接到来信。

他从阿赫米特手里接过信，但没有马上拆封，显然是害怕那封信。他很慌乱，不知道如何做才好。最后，他撕开信封。我正好坐在他旁边，我能看见信是用女性那种清晰、娟秀的字体写成的，信上写着：

"我不知道谁会读这封信。我17岁。如果我的年龄只配做你的女儿，我就叫你爸爸。如果你比我稍大，我就叫你哥哥。我们工厂的姑娘和年轻女人收集了一些礼物，送给斯大林格勒的守护人。我们知道战壕里很困难、很危险。我们的心与你们同在。我们将为了你们工作和生活……虽然我现在遥远的乌拉尔山脉，我希望有一天能回到我的家乡明斯克。你能听到我妈妈的哭声吗？……"

瓦西里琴科翻过一页。我想办法看到了信的最后几行：

"消灭纳粹。让他们的国家在悲痛中溺毙，让他们的家庭泪流如河。用勇气战胜敌人，就像我们的祖先战胜他们一样！"

我看到瓦西里琴满脸充满激情。他把信推到一边，离开了我们的掩体，过了一会又回来了，拿着冲锋枪和一包手榴弹。他显然是在想做点什么可怕的事。我站起来，挡住他的去路，用水兵的姿态展开我的胳膊。瓦西里琴科明白我想说的话："不许去。"

瓦西里琴科退后一步，然后坐下。他试着解释自己，但最后他决定披露他的草率计划。原来，几天以来，瓦西里琴科和另一狙击手科斯特科夫一直在监视一个马马耶夫岗东面山坡上的复杂掩体。他俩不仅了解了进入这个掩体的每一条通道，而且还记住了岗哨的确切位置及其换岗的间隔。他俩就等合适的时机到来，比如，一场大雨或一场大雪。现在，这个时刻到了。科斯特科夫已经偷偷溜出去了。

我大声叫站岗的战士："拦住科斯特科夫，立刻把他带回来！"我的这个反应对瓦西里琴科来说太重了。他把枪和手榴弹抛在角落里，并开始尖声喊叫，骂我们是叛徒。他的怒火和挫败感引发他的大骂。

阿克肖诺夫上尉和指导员克亚克霍夫都站了起来。

"必须制止这个行动！" 阿克肖诺夫对瓦西里琴科大叫道，"这样做有什么意义？"汗水从沃克林脸上落下，他的眼神变得暗淡，嘴巴也变形，身体颤抖着。从此刻之后，我们才知道他是一名癫痫病患者。我们从来不知道这点。

沃克林倒下了，就像被斧子砍倒的大树。他的牙齿激烈地打着架，身体猛烈颤抖着，头不断地撞击我的胸部。一会儿过后，他的突发症过去了，他倒下睡着了，发出巨大的鼾声。

也就是在这个时候，科斯特科夫从外面回来了，我们认真地听他说话。科斯特科夫嗓门尖细，有一头黑发。他参战前是工程师，能很好地总结他的观察，就好像他在写科学报告似的。他的进攻计划很好，就连阿克肖诺夫上尉也喜欢。

雨还没有停，我们知道德国人正在睡觉，我们绝不许这个好机会流失掉。有谁知道将来是否还会有这样的暴风雨？

*

科斯特科夫和瓦西里琴科的位置将会被由另外两个人取代，他们是阿菲诺格诺夫和谢尔比那，他俩都曾是水兵，在轮机房工作，来到斯大林格勒后又在一起工作，新近被任命为狙击手。阿菲诺格诺夫有火焰般的胡萝卜颜色的头发，急躁得就跟火柴一样。谢尔比那身材极瘦，黑色的头发，面色苍白，总是像傻子一样露齿而笑。

我们需要听一听他们的意见。我先叫醒阿菲诺格诺夫。他弹跳起来，就像他在等着别人碰他的肩膀似的。

"我们走。我知道每一条过往德国人战壕的道路！"他说。

"等一等，"我表示不同意见，"让我们先仔细研究一下细节。"

"我已经听到你们所说的一切，"阿菲诺格诺夫回答，"我在斯大林格勒学会了一个本事，一边睡觉，一边听人说话。"

我们带上轻武器——冲锋枪、手榴弹、匕首。阿菲诺格诺夫带路，谢尔比那紧跟其后，然后是斯捷潘·克亚克霍夫和我。我们就怕一件事：在去德国人掩体的路上走入地雷区。我们唯一可以做的就是尽量避开那个命运——事实上，那天晚上士兵的福气一直伴随着我们。

我们抵达了德国人掩体的入口，一名德国一等兵脖子上挎着一支冲锋枪，正拿着一把女用阳伞避雨。阿菲诺格诺夫爬入战壕，他的匕首在黑暗中闪闪发光。他用匕首刺入德国岗哨的心脏，另一只手捂住纳粹的嘴。那名一等兵没有出声就死了。

谢尔比那和阿菲诺格诺夫在上面承担监视哨，我和克亚克霍夫偷偷溜进下面的战壕。我迅速观察环境：门口的墙上有一个带着钉子的架子，每个钉子上挂着一支冲锋枪，冲锋枪下面是钢盔，钢盔旁边有火炬。一切都有条不紊，典型德国式的。掩体中，四处都是帆布床，德国兵安宁地睡在毯子下面打着鼾。他们的军装挂在头顶。屋子的中央有一盏电灯，整个掩体充满暗淡的牛奶色。

我和克亚克霍夫从架子上拿了几支冲锋枪做纪念品，克亚克霍夫把头顶的灯泡取了下来。此时，德国人还在打着鼾。

克亚克霍夫大声发出一道坚决的命令："向这群谋杀我们母亲和孩子的法西斯猪开火！"

我们的冲锋枪射出炽热的铅弹，纳粹被急迫的枪声震醒了。他们就像断了线的牵线木偶，跌倒在铺位中，呻吟着，尖叫着，直到子弹流掠过去封住他们的嘴。他们在混乱之中乱抛毯子，毯子散布得一堆一堆的。

我和克亚克霍夫挨着墙站着，有必要时才移动。我们在屋子里前后来回走，用子弹把帆布床射穿出无数窟窿。纳粹绝没有机会离开他们的铺位——他们绝对没有机会反抗。

不知道从哪里冒出来德国人，让我看见了，蜷缩在我脚下。他只穿着长内衣，内衣上竟然没有一滴血迹。他是如何逃脱我们的扫射，我不知道。我用枪指着他，克亚克霍夫抓住我的胳膊，"留着他。"他大叫道。我们的耳朵在枪声中鸣响，所以克亚克霍夫必须重复说才能让我理解："我们要带回一个舌头。"

那德国人把手臂横跨在地板上，就好像在说："请看，我投降了；尽管我躺在地上，我的手是向上的！"那德国人的俄语说得很好，这救了他。他理解克亚克霍夫叫喊的话，当我们射击时，他马上趴在我脚上。他严格按照我们的命令做：披上外衣，穿上靴子。我们带着俘虏回到自己的阵地。

我们迅速返回。在掩体入口，我们受到阿克肖诺夫、科斯特科夫、哈比布林的欢迎，休息好了的瓦西里琴科也来迎接我们。他们从各个角度看那个德国人，然后询问我们这次任务的细节。

这个故事很难讲解。这个故事让我很不舒服，但我们如实叙述了故事。我叙述时，看着瓦西里琴科的眼睛。那双眼睛仍然忍受着悲痛的煎熬，就像我们头顶的灰色天空一样黑暗、凄惨。我在总结这次行动时，大声说道："我们也许终将毁灭，但此时我们还是自己土地的主人。"

我的责任

如何保存自己、消灭敌人，这是经常困扰士兵的问题。死去的战士只是在早晨列队点名时才能出现，是活着的战士在战斗。我还有另一个责任：把一个普通士兵训练成狙击手。有生命的东西，为能活下去而奋斗。我当然想活得时间更长——如果不是躯体，至少也应该让精神长存。我相信，我培训出的狙击手，肯定都能为我报仇，而且还能保护其他同志们免于不必要的死亡。即使我被杀死，我的学生也能按照我教给他们的准则去行动，能帮助战争早日胜利结束。因此，狙击手技艺占据了我的全部身心。

在红十月工厂作战的第一天，一名叫戈罗扎夫的狙击手引起我的注意。他身材适中，有一双蓝色的眼睛，面带忧郁，这样的年轻人在和平时期绝对看不见。他的脖子较短，下巴很大。他是一个性格内向的人，整天闷闷不乐。

他的这副样子是有原因的。戈罗扎夫和他的搭档在前线蹲了很长时间，未曾有任何狙击战果。有一天，一名德国狙击手向他的脑袋开了一枪，但子弹擦过钢盔，没有打伤他，这表明他当时有运气。但是，这是给新狙击手的一个警告："要警惕！不要等到别无选择时才改变策略，否则就干脆别干狙击手这一行。"他已经向上级报告了此事，对自己的失败感到羞愧。

我在他旁边坐下，拿出烟草袋，撕下一条报纸，卷了一支烟。戈罗扎夫照样也卷了一支烟。我们点燃烟卷，抽起烟来。对戈罗扎夫来说，他能比较容易地透过烟卷冒出的烟看我，他的老师。此时，他阴沉的面容才消失，然后向我坦诚道："我做不好狙击手。我看潜望镜一天，直到看到天上有星星了，也看不见一个目标。用冲锋枪扫射较容易。他们一下命令，你就开火。但是，做狙击手，一切都很复杂。"

"狙击手这个工作并不是最复杂的，"我纠正他的说法，"做狙击手需要依靠自己的感觉，需要能控制自己。"

"我知道你的意思了，头儿。"他勉强承认我的说法。

我平静地从头解释做狙击手的要素：狙击手必须识别出目标，立刻做出判断，只用一颗子弹消灭目标等等。

由于不是任何时候都能进行迅速的战场要素评估，所以，狙击手必须培养一种重要的技能，就是要在脑子中详细规划所有细节。有些表面看不重要的异常变化，却有可能就是实际目标。狙击手必须能迅速对随时出现的有价值目标做出反应。

我最后说："我想明早与你一起工作。"

第2天早晨5点钟，狙击手们吃完早餐，都上岗了。戈罗扎夫陪着我去一个在铁路大院内的新狙击点，德国狙击手在这个地方杀死许多我们的士兵和军官。在进入岗位前，我先带戈罗扎夫去看望代理营长一级中尉阿尔希普·苏哈列夫。苏哈列夫最近刚被德国狙击手打伤，正等着被运往伏尔加河对岸。

我们走进苏哈列夫的掩体，发现他躺在地上，身上盖着毯子。护士克拉娃·斯万托娃正在准备给他包扎。护士朵拉·沙赫诺娃在旁边帮忙，手里拿着一个血浆瓶。中尉坐起来，伸直了腿，他的面色惨白，嘴角有血迹。他看上去正忍受着极大的痛苦。

苏哈列夫盯着我，他的眼神流露出责备之意，尽管这种责备包含一种对我们不太公平的冤枉，但责备的分量是很重的，就好像在说："在纳粹神枪手把子弹射入我的后背之前，为什么你们狙击手没有先干掉他们？"

我不想解释，也不想开脱，我只想让戈罗扎夫看一看中尉的凝视。中尉凝视的时候，戈罗扎夫有了自己的感受，理解了狙击手在指挥员眼里的重要性。我们没有说一句话，便离开了中尉的掩体。

激烈的战斗在工厂地区爆发，机关枪声在四周响起。

"德国狙击手的位置会在哪里？"我问戈罗扎夫，"在如此嘈杂的环境里，你如何发现他们的位置？"我像老师那样问我的学生。

他耸了耸肩说："鬼才知道。"

"鬼也不知道这个德国兵的隐蔽位置。你首先应该找到目击证人，他应该能告诉你苏哈列夫是如何受伤的。"

我们想办法找到一个当时在场的士兵，他给出如下叙述：

"崔可夫，我们的实习医生，他和一级中尉从工具车间走向锅炉房，我们在锅炉房中安置了几挺机关枪。枪击发生的时候，崔可夫站在门口，一级中尉身体向前倾斜，鲜血从一级中尉的嘴里涌出。我想上前给予帮助，于是跑向一级中尉。当我正要弯腰，一颗子弹射来，打中了我的左肩。我们躲在锅炉后面，崔可夫给我们包扎……"

"有多少士兵和军官在那门口被击中？"我问。

"今天，有3个士兵，外加1个中尉。"那名士兵回答。

显然，一名有经验的德国狙击手把那门口当作目标。"我们必须在附近找一个狙击点。"我告诉戈罗扎夫。

我们两个人想办法进入锅炉房。我把炮兵潜望镜架设在一个被炸坏的窗户上，戈罗扎夫也照样做了。

我们的敌人很狡猾，他在其他冲锋枪手的掩护下工作。我用潜望镜看到德国冲锋手扫射了一轮，接着又一轮。那敌人狙击手的射击隐蔽在冲锋枪的射击中。他到底在哪里？

我们观察了3个小时，还是没有发现他的踪迹。戈罗扎夫开始抱怨其实根本没有什么德国狙击手。我保持沉默，因为我无法确定自己对或错。

在我们的右边，纳粹冲锋枪手向肉食加工厂发动进攻。战斗蔓延到我们这边，但我和戈罗扎夫保持原地不动。我看到，从一个铁路车厢的轮子后面，跳出来一个纳粹冲锋枪手，接着是第2个、第3个……第10个！他们溜下一段土堤消失在了废墟中。他们去哪里了？突然，枪击在几米远的地方爆发。一个班的敌军士兵推开大门，向我们占据的窗户跑来。戈罗扎夫的脸紧张起来，眼睛睁大了，兴奋地把手榴弹投向敌人。我把子弹喷洒向冲锋的士兵。在我打倒了几个士兵后，其余的都调转头逃跑了。

平静恢复了。我和戈罗扎夫继续寻找德国狙击手，刚才发生战斗的战场再次显得空旷。被撂倒的德国冲锋枪手就像太阳下的花朵，头冲着各自的方向。其中有一个还活着，呼喊朋友来救助，但没有人来。没有人觉得这些被撂倒的人还有什么用，他们有可能被我们当作诱饵使用，利用呼喊引诱其他纳粹。但是，我绝对不会向医护人员开枪。

这时，瓦西里·拉基特扬斯基上尉来了。他是师部政治部的指导员，很有经验。他在一处有墙洞的地方趴下，在墙缝中楔入他的高音喇叭。我请他听完我说话再进行他的"广播"。

上尉同意了我的计划，并答应帮助我们。他同意用一些德语做宣传，吸引德国狙击手的注意力，使得那个狙击手行动不像过去那样慎重。但是，我们失算了，德国人用机关枪扫射回答拉基特扬斯基的声音。他们向高音喇叭疯狂射击，我们则用步枪回应。在我们的小伎俩下，德国机关枪手变得非常草率。我们在几分钟内送了6个机关枪手上了"天上的十字架营"，但他们的狙击手仍然没有暴露他的位置。

随后，一场短暂的炮轰来到。炸弹像雨点一样落在碎石墙上，也落在工厂的机器、断砖上。我们躲在锅炉的柱体下。

"指导员走，炮轰就跟着走。"我的一个战友说。

"能不能反着说，炮弹在哪里落下，我就去那里，对不对？"拉基特扬斯基回答。

德国人的炮轰结束了，我们又回到原先的位置上。拉基特扬斯基在躲避炮轰中把高音喇叭丢掉了，它落入墙壁的裂缝中。他伸出手，想从裂缝中把它取回来。这是德国狙击手正在等待的时刻。德国人的子弹射穿了上尉的前臂，但这名德国狙击手的位置就此暴露了。我看到他躲在列车厢的底下，射击位置在两个轮子之间。

现在，我让戈罗扎夫利用这个机会射击。我告诉他在车间的深处安置射击位置，而我则站在高音喇叭旁边，吸引德国狙击手的注意力。但是，戈罗扎夫太草率，他的子弹穿越列车轮子上的狭槽，击中了铁轨，子弹跳弹到旁边，纳粹狙击手没有受伤。更不幸的是，戈罗扎夫这一枪使他处于警觉状态。

我们在车间待了一整夜，一级中尉博利沙波夫弯腰钻过锅炉给了我们一桶水。"洗一洗，把眼睛擦亮，继续战斗！"他说。

我们洗过后，回到射击位置上。我进行监视，戈罗扎夫准备用步枪射击。"你应该怎么做才能引得纳粹露面？"我问戈罗扎夫。

"我不知道。"他回答。

"那么，看我的。"

拉基特扬斯基上尉的高音喇叭还躺在原地没有人动过。我从砖缝中伸出手，摸到高音喇叭，把开关打开，它在电的作用下发出噼啪声。拉基特扬斯基曾教过我一些德语骂人的话，于是我朝着高音喇叭大叫起来。我发生畸变了的声音在铁路大院里回荡。戈罗扎夫肯定懂得一些德语，因为他开始笑起来。

枪声响了，子弹在我的耳朵上面一点飞过。是的，这个德国狙击手已经进入岗位，正等着目标出现。他又开了两枪，而且间隔很近。这个德国狙击手是个快手，而且直截了当。他把我封锁在高音喇叭旁边的一块砖头后面。只要我稍微蠕动一下，一颗爆炸子弹就会飞向我的脑袋。

一个小时过去了，两个小时过去了。太阳把我的右边考热，我只能躺着装死。我能与戈罗扎夫说话，但不敢移动头部和手臂。我看了一眼太阳，太阳光让我失去视觉。我紧闭眼睛，突然想到一个主意：用太阳光反光使德国狙击手的眼睛看不见！我呼喊戈罗扎夫告诉他："拿一面镜子，把太阳光反射到那家伙的眼睛里。"

戈罗扎夫拿起他的匕首，在炮兵潜望镜里把匕首做镜子。与此同时，另一发子弹烧焦了离我鼻子几英寸远处的空气。

"快点！"我告诉戈罗扎夫。

他晃动那面被当作镜子的匕首，当他判断那德国人的眼睛已经看不到东西后，说道："头儿，好了！"

我憋住一口气。我只能寄希望于戈罗扎夫知道他都干了些什么。我飞快离开被那德国人封锁的地方。枪没有响。然后，我把前一天准备好的假人模型推到我的位置上。

从那个纳粹狙击手看不出有任何变化，他改变了一点自己的位置，避开镜子刺眼的光线。现在，我们能从列车轮子之间看见他了。

我们必须找到一个新的狙击地点，好让我们能清楚地看到德国狙击手的头部。我推断他现在应该感到轻松了，以为自己已经杀死了一个靠近高音喇叭的俄国狙击手。与此同时，我和戈罗扎夫趴着，寻找一个完美的射击点。我们小心隐蔽自己不让别人看见。

大约在锅炉房东面30米的地方有一个装焦油的大缸，上面有一个平台，平台上放置着一台液压起重机，旁边有一个短梯子能爬上平台。我们爬上平台，躲在大缸之中。焦油已经快干了，留在大缸的边缘，黏糊糊的，那臭味仍然刺激人。

我们从那平台上抽下一块木板，放在脚下。大缸的侧面有几个小洞，我们选择其中几个最不惹人注意的洞作为窥视孔。站在这里，被那个德国狙击手利用的列车厢完全处于我们的视线之中。有时，列车的轮子会挡住我们看那德国狙击手的视线，但我们甘愿等待。除了焦油的臭味外，这个地方是一个完美的位置。

30分钟后，纳粹狙击手从列车厢底下爬出来，骄傲地伸展肩膀，把步枪吊挂在肩上。然后，他走入战壕。他遇见另一个德国同伴，停下脚步，取下步枪，演示他是如何完成这次狙击任务的。

我用望远镜看，戈罗扎夫用潜望镜跟踪敌人的行动。

"等一会，"我对戈罗扎夫说，"让他完成最后一次小讲演，把自己如何干掉俄国高音喇叭狙击手的故事说出来。"

"好的，头儿。"戈罗扎夫说着，缓慢地、认真地用步枪瞄准。

"现在，等着他把脸转向你的那一个时刻。"我说。

"我已经把他放在我的瞄准十字线上了。"

就在这个时刻，纳粹发现了戈罗扎夫潜望镜的反光。那纳粹狙击手的表情由心满意足变成警惕。突然，他举起步枪向着我们瞄准。

"开火！"我说。这个词像是被放射出来的。

戈罗扎夫的枪响了，子弹打倒那个纳粹。他倒下去的时候，他的步枪卡在战壕壁上，阻止了第二个德国人的去路。我注意到这第二个德国人胸前带着铁十字一级勋章。我扣动扳机，子弹击中了他的勋章。他向后倒下，双臂张开。

我们离开狙击位置时，天已经很晚，但我们很满足。我俩都有理由高兴。戈罗扎夫有了狙击成果，为同志报了仇，而我成功地培养了一个学生，这不仅增加了我的安全感，还推进了我们共同的目的。

*

我们总是留神观察活着的俘虏。我需要战场的情报，军官和指导员不断要求我们抓俘虏，然后带回我们的防线。

那天晚餐后，我们获得消息说前方抓住了一个德国俘虏，地点就在我们狙击手的阵地前。这次抓捕行动是由我们营的迫击炮指挥官克拉斯诺夫上尉协调的。

狙击手对迫击炮手怀有嫉妒，但每个狙击手的嫉妒各不相同。沃克林·瓦西里琴科试图用伏特加酒和香烟去淹没自己的轻蔑，但我们基本上由于感到羞愧而不敢相互对视。营里的共青团代表来到我们中间，开了一次临时共青团会议。我先说话，下面是我说的：

"我们白天黑夜整天蹲在这段前线，我们熟悉这个地区内的每一处隐蔽处或每一处裂缝，那么，为什么会让克拉斯诺夫的人抓住俘虏？"

"究竟是为什么我们没有看见克拉斯诺夫的人穿过我们的地区进入德国占领区？"维克托·梅德韦杰夫问道。

我们根本不曾注意到他们。正常情况下，迫击炮手的位置在我们之后相当远的地方。我们都不相信，在不引起我们注意的情况下，克拉斯诺夫的人会像跳华尔兹舞似的绕过我们。

我愤怒责备我的人太疏忽大意。我提醒他们一个事实，我们最好的信息来源是兄弟部队的战士，所以我们必须与他们保持信息渠道畅通，绝不能像孤独的狼一样独往独来。狙击手们都沉默了，我继续说："如果一个狙击手不首先依靠自己的兄弟战士，不把与他们的联系放在首要地位，如果他脱离联系，开始独立行动，如果他把自己当作壳里的蜗牛一样自闭起来，那么，等待这个狙击手的只能是失败。"

狙击手们开始说话，我的指责刺痛了他们的敏感部位。科斯特科夫说，自己总共杀死了26个纳粹。西多罗夫说，自己总共杀死了70个纳粹。科斯特科夫辩解说，把他的数目与"冠军"的数目相比是毫无意义的。

"你们到底想说什么？别围着矮树丛打架！"另一个大叫道。

"我能隐瞒什么？让西多罗夫自己说一说。他是否做错了什么事，为什么，然后，我纠正他。"

西多罗夫站起来，镇静地扫视全屋子里的人。他有一副感人的外表：一张轮廓分明的脸，大鹰钩鼻子，突出的下巴，一头向后精心梳理的棕色波状头发。他有宽宽的胸怀、强大的肩膀。在他开口讲话前，他拿出自己的烟草袋，先卷自己的烟卷。

"干吗沉默？如果你有什么话，赶快说！"有人发牢骚道。

"你是瞎子吗？我正在卷我的烟卷，也整理一下思路。我不能在发言的同时卷我的烟卷。"

西多罗夫点燃烟卷，喷出一口烟，开始和科斯特科夫进行一场令人目不转睛的争论。西多罗夫摇晃着脑袋，一口气说道："那个胆小鬼说他不想与我做比较，是我要让你做比较吗？我早就厌恶起你的故事，厌恶你发号施令。"

科斯特科夫跳起来。我站在他俩中间，防止他俩打架。

"你们之间发生了什么？"我问道。

"是他先说起这件事的，"科斯特科夫说，"现在，让我把它说完。"

共青团的事，大家都忘了，好奇心驱使大家只想着听一听在科斯特科夫和西多罗夫之间到底发生了什么。

科斯特科夫有格鲁吉亚人典型的火暴脾气，西多罗夫点燃了科斯特科夫的怒火。

"两天前，"科斯特科夫说，"法西斯分子开始以小股部队向马马耶夫岗发动进攻。他们用机关枪掩护左翼和右翼。为了能阻止德国人防止他们冲上我们的阵地，我们的士兵暴露在机关枪火力下。"

科斯特科夫正在叙述的事件，无论当时在不在现场，我们所有人都还是熟悉的。"根据命令，我忙着打掉机关枪手。"他继续说，"但是，西多罗夫却只做简单工作，他向德国步枪手射击，这样他杀死的人头数就提高了。就在他忙着提高自己的人头数目时，敌人的机关枪杀伤了4名苏联士兵，这些德国机关枪手本来应该早被西多罗夫干掉！那4名苏联士兵的生死，没有人知道。西多罗夫认为，赢得射杀人头数的胜利，比保护同志们的生命重要。"

"是战争，就会有伤亡，"西多罗夫反击道，"你不能谴责事实！"

尽管西多罗夫全力为自己开脱，我们仍然认为他有错误。那天晚上，我陪着他回他的地区。在多尔吉河岸一条排水冲槽附近，我们伪装起来，观察一个德国人碉堡附近的地形。那碉堡里的机关枪持续地向往射击，发出低沉、单调的嗡嗡声；它发出的曳光弹把前沿阵地的上空划上众多条纹。

"你为什么没有告诉我们这里晚上还有机关枪手？"我问西多罗夫。

"他的子弹打不到我们。"他回答。

"你疯了吗？"我说，"我要求你离开这！明天去其他地区。"

在那天晚上稍晚的时候，我和沃克林·瓦西里琴科带着反坦克步枪回到那个地区，消灭了那个德国机关枪手，只花费了2颗子弹。第一颗子弹击中距离他很近的地方，这使他分心，于是他胡乱射击起来。他的怪异射击，给我们制造了机会射出第2颗子弹，这颗子弹的冲击波把他和他的机关枪都推出了碉堡。

*

黎明前，通讯员找到我，说："营长要见你。"

"什么事？"我问。

"你过一会就会知道。营长召集你去。他说，'让扎伊采夫看看他的狙击手都是些什么样注意力不集中的人。'"

在营长的掩体里，克拉斯诺夫上尉抓的俘虏正在接受审问。那名俘虏是一个大块头的士兵，他正乞求上尉不要杀他，声称他知道许多秘密，承诺只要把他带到总部，他就会说出一切，但他不会在这里说。显然，他害怕说秘密出后，自己变得没有用处，有可能被杀死。这名士兵被纳粹的宣传洗了脑袋。在战役的这个阶段，我们很少抓到俘虏，因为大多数德国人宁可战死也不投降。

所以，审问就这样结束了，但我想办法知道了这名俘虏是如何被抓的细节。

两天前，克拉斯诺夫上尉听我们的侦察兵说德军有一个反坦克炮兵阵地，他决定自己去看一看这个报告是否准确。克拉斯诺夫完整地策划了这次行动，详细到不能再详细了。他和另两个士兵套上缴获来的德军宽大外衣，上尉在自己肩上放置一些电话设备。他们在脖子上挂上德制冲锋枪，在腰带上挂上德制的长柄手榴弹。克拉斯诺夫上尉在肾上腺素的刺激下，决定考验一下自己的命运。

克拉斯诺夫与两个帮手，在没有引起我们注意的情况下悄悄地穿过我们的狙击点，跨越了我方的前沿，钻过带刺铁丝网和无人区的地雷阵地，到达了敌人的阵地。

上尉发现一条电话线，他和帮手决定跟随电话线去敌人的指挥点。不久之后，他们就遇到一名德国士兵来修电话线。这名德国兵开始向他们抱怨，他抱怨电话线有如此多的断线让他生气，抱怨如何白天黑夜被人追逐来修电话线，抱怨他的长官如何把他看作一个傻瓜。

"没有问题，士兵，我们来帮助你。"克拉斯诺夫用德语说，他懂一点德语。

那个德国电话线维修人对克拉斯诺夫的语调感到吃惊。

"你们是塞尔维亚人吗？"他问。

"我们是塞尔维亚人。"克拉斯诺夫回答道。但是，他马上意识到，不能继续这种欺骗，因为他有被识别出来的危险。所以，他示意帮手动手将那纳粹击倒，用手套捂住他的嘴，把他拖回俄国占领区。

"但是，你们是如何想办法在没有人注意的情况下穿过我们的防线的？"我问上尉。

上尉微笑起来，似乎在思考如何回答。"当一个渔夫紧盯着他的鱼漂上下跳动的时候，你即使放火烧他的裤子，他也不会发觉。这是一个心理现象。你应该考虑这个事实，不要严厉责备你的狙击手。但是，你可以教给他们如何更谨慎。"

我只能说："谢谢你！"

狙击手在工作的时候，你不能低估心理因素对猎取重要目标的影响作用。在与一个狡猾的敌人决斗进行到高潮的时候，如果你失去自制力，你不会注意周围的情况。你放弃了必要的慎重。克拉斯诺夫上尉给我上了一堂有价值的课。

15 信任

　　黄昏时分，我们来到伊利亚·舒克林指挥的炮兵阵地，这是我们师最著名的反坦克部队。舒克林在卡斯托尼战役中就赢得了名声。他手下的战士都与他一样，即使只剩下最后一个人，也能勇敢战斗。

　　舒克林的一名手下向我们招呼。他手拿冲锋枪，腰带上挂着手榴弹。突然，他出现在我们面前，用枪口对着我的胸膛，并命令道："站住，否则我射穿你。"

　　我镇静地把枪管推开，回答道："费奥法诺夫，别犯傻，我们是一家人。"

　　"我必须要检查一下。"那士兵回答道。这位要射穿我的人就是我未来的好朋友，瓦西里·费奥法诺夫，后来成为我的学生。费奥法诺夫吹了一声口哨，另一名士兵从水泥墙后出现，接替了他。我们一道去地下室见炮兵指挥官。不远，隐现出那座著名的烟囱，上面的弹孔依稀可见。所有炮兵团都有一根电话线通往那里；那里是红军炮火定位的中心。敌人知道这个秘密，于是投掷了数百颗炸弹或者数千颗炸弹去摧毁它，但我们的炮火观察员从来没有停止过工作。然而，纳粹狙击手最近出现在附近，他们开始杀伤苏联炮火观察员。随着炮火观察员伤亡增加，我们炮击的准确度也在下降。

炮兵请求他们的指挥官波扎斯基少将给予帮助，于是我们这一组狙击手便成为舒克林的客人。

与我对舒克林的第一印象有所不同，舒克林是一个心胸开阔的人。如果他想表扬一名士兵工作做得好，他便会伸出手臂给予拥抱。现在，我就被他牢牢地抱着。

"瓦西里！我在克拉斯诺乌菲姆斯克的时候，怎么会拒绝你？当然，谁也不可能仅凭看你一眼就能了解你，是不是？你必须承认，你当时看上去并不……算了，不说了，听一听现在的情况。德国狙击手给予我们烟囱上的炮火观察员非常大的压力，他们不许我们的人接近烟囱。我们不知道这些德国兵从什么地方打枪。瓦夏，请你帮一帮我们。"

炮弹在上面轰鸣，但在舒克林的地下指挥部里，没有人予以注意。地面上的枪炮声传不到这里。

舒克林带着我们看了掩体。"这是你们的房间，狙击手同志。休息一下，整理一下武器，准备战斗。"他向后推开一块油布，这块油布被当作一个能容纳3张帆布床小屋的门。莫罗佐夫、赛金、库利科夫睡这一间，瓦西里琴科、戈罗扎夫、沃洛维泰克、德里克，则睡旁边一间。

"你和我睡同一间。"舒克林向我提议，"军政治部的一位情报官到达了，他对你们将如何准备与德国狙击手决斗感兴趣。他也来自乌拉尔山脉。"

我们抄近路通过走廊，转了一个弯，进入指挥官的房间。这间房间，没有帆布床，却有一张双层床。房间中央有一个用废木头做的桌子，桌子摆着黑麦面包片，此外还有一种引人注目的东西——有一盘家庭制作的俄式薄煎饼，它散发出的气味让人陶醉。

在桌子的一头的台灯旁边，坐着一个头发梳理得很整齐的人，他埋头于自己的笔记本之中。他戴着上尉徽章，还是高级指导员。我记得我们刚到斯大林格勒时见过他，当时我们正横渡伏尔加河，他带领水兵们离开停泊处……

然而，我此时的注意力集中在软软的俄式薄煎饼上，其余的事都变得不重要。这些煎饼确实美味，我忍不住对美味的期待而发出低而含混不清的声音。

"你活得真惬意，一级中尉同志。"我对舒克林评论道，"你的厨房里也许还有牛肉吧？"

"也许，也许，"舒克林说，"让我们先把手头的工作做完。如果我们不动手，我的人就会把它吃光。"

舒克林在我旁边坐下，我俩几乎把头钻到俄式薄煎饼里。那位戴着徽章、头发整齐的人动作实在是太慢了：他看着笔记本，眼不抬一下想伸手拿煎饼，但盘子里的煎饼已经被我俩吃光了。他吃惊地抬起头来，面对面地看着微笑着的我。

"我看到你来增援部队了，舒克林同志。来自指挥官的后备部队，是吗？"

"是的。"我替舒克林做了回答，"是从后备部队来的，从马马耶夫岗来的。"

显然，他没有理解我的反话，面带微笑地把手伸给我："伊万·格里戈里耶夫。"

"瓦西里·扎伊采夫。"我回答道，然后我们相互握手。

"请告诉我，你们狙击手在山上的情况如何？"他问道，就好像要知道为什么我们会出现在红十月工厂这个地方。

他的问题把我搞糊涂了。"上级命令我们来的。"我说。

"当然，当然，"他回答，"但我想知道更多的东西……"

"他到底想干什么？"我猜测着，这使我很生气。我本能地提高了声音说："首先，马马耶夫岗的战斗与这里的战斗一样激烈，其次……"我吸了一口气继续我的长篇激烈的演说，但格里戈里耶夫打断了我。

"别生气。"他停顿了一下，然后直呼我的名："瓦西里，你理解错了我。我想知道你们的士气。我还不知道你们的战果。实际上，我正在写上个月的战报。马马耶夫岗是我们一个重要防御阵地，我想知道你和你的狙击手是如何展开战斗的……"

我被他触动了。这个格里戈里耶夫上尉原来是记者。现在，我想同他交流了。他卷了一些香烟卷，我开始叙述我们深陷马马耶夫岗上时所经历过的和所想到的。

"……我们爬上山坡，爬到在水塔附近。我们中的大部分人负伤了，有些人死了，但我没事。幸运，他们这样说我。他们把负伤的送到战地医院，但我这个'幸运'的人继续战斗，在战壕的泥土中蠕动。然后，我被调到伏尔加河畔……离开了危险区域，但有些人认为我有罪，因为我没有在马马耶夫岗战死。"

"不要这样说，我理解你，我信任你。"格里戈里耶夫打断我，"只是别抱有病态心理。不要喋喋不休地老说死。"

"知道了。"我说。

"如果有人说那种话，你不要理他，"格里戈里耶夫说，"他们是在嫉妒你所获得的荣誉。你来这里，是因为这里需要你。让那些高谈阔论者看一看你这个'逃亡者'是如何战斗的。"

格里戈里耶夫夸大了我的重要性，但我感激他的话。有人理解你、信任你，这非常重要。

信心和信任——这是两种强大的力量。如果没有人信任你，你的灵魂就会枯竭，你的能力就会消散，你就变成一只没有翅膀的鸟。但是，当人们把信心放在你身上时，那些你梦想无法实现的东西也能实现。信任是战士激情的动力，是友谊的母亲，是士兵的勇气。对指挥官来说，信心和信任是两把打开士兵内心的钥匙，士兵内心中蕴藏着连士兵自己都没有意识到的巨大潜力。

我敢说，如果我发现上级指挥官不相信我，或者不相信我能完成狙击任务，也许我就根本不会冒死战斗。另一方面，为了维护狙击手的信誉，我绝对不会在未经核实的情况下说我完成了狙击任务。

*

在上报的狙击猎杀数目与我笔记本上的数目之间，常常有出入。观察员有时夸大我的猎杀数目，因为他们只是简单地数我射击的数目。比如，我打了3枪，他们就记录猎杀3人。当然，这些观察员没有我看得清楚，所以他们记录的数目不如我的准确。我射出的子弹是否射穿目标，只有我知道。

这种计分制度使狙击手承受巨大压力，它要求相互信任。我们对观察员的数目给予信任；同时，他们也相信我们所说的猎杀数目。

只要我们地区还有可能有德国狙击手，我们就不愿让我的士兵仰着头走路。所以，我挂出了一块牌子："小心！这个地区正受到纳粹狙击手的监视。"我在我领导狙击猎杀的地区都挂这样的牌子，直到我能肯定已经消灭了敌人的狙击手。

我把这一切都告诉格里戈里耶夫，我告诉他狙击手的荣誉和我的同志们，我还介绍了我发现的狙击技巧。后来，这些内容成为总参谋部讨论的话题。格里戈里耶夫设法把我的漫谈写成一篇文章，传递给高层领导。

格里戈里耶夫走后，我知道自己应该迅速回到战斗中，去消灭那些打掉我们炮火观察员的敌人神枪手。那天晚上，我找到几个曾目睹我们的炮火观察员伤亡情况的士兵，与他们进行了面谈。伊利亚·舒克林为我们提供了帮助，他画了几张地图，告诉狙击手烟囱上的炮火观察员有可能是从何处、何角度射出的子弹击中的。我们计算了子弹的可能轨迹，从而能算出敌人狙击手的枪管离烟囱顶部的距离。我们把计算弹道结果、各种草图、对炮火观察员潜望镜满是弹孔的托架的分析报告综合在一起，形成了一个供第二天行动使用的计划。

这里与马马耶夫岗阵地不一样，爆炸形成的工厂废墟阻碍了我们看周围的视野。无论你看何处，到处都是弯曲的钢筋、底朝天的金属件、坍塌的屋顶、变了形的墙壁。敌人狙击手为了能准确射击到我们在烟囱上战士，必须与各种障碍保持一段距离，或者在废墟中找到一块空地使射出的子弹不受阻碍。敌人别无选择。所以，我们开始寻找这样的空地，然后追踪溯源，寻找敌人。利用潜望镜，我们甚至能看到纳粹士兵的眼白，但用潜望镜追踪溯源非常花费时间。我们把打击目标优先放在敌人狙击手和最危险的机关枪手身上。

*

到中午的时候，我已经用完一弹盒的子弹，我的搭档尼古拉·库利科夫跟我一样。莫罗佐夫和赛金每个人打完了两盒子弹，戈罗扎夫和瓦西里琴科的进展也不错。那天晚上，为了验证我们已经成功地打击了敌人，我让赛金在烟囱上安放一个人体模型。但是，鲁莽的伊利亚·舒克林决定自己爬到烟囱顶上去。他是我的上级，显然，我无法阻止他。他一边向烟囱顶上爬，我的心一边狂跳。

舒克林对着电话大喊道："炮火！给我向一号目标地区轰击一轮！"

一分钟后，我听到炮火的隆隆声。

"打得好。现在，给我向二号目标地区轰击二轮……开火！"

这就是伊利亚·舒克林指挥炮击的情况，他把大炮当作礼炮鸣。

第二天早晨，我们的炮火观察员能恢复工作了。当我们在伏尔加河那边的大炮开始轰击的时候，我感到异常疲惫。我的脑袋隐隐作痛，眼睛也生痛，就像是有人把碎玻璃揉进我的眼睛里似的。我渴望睡觉——就一小时也行——我赶快找到一个地下室便躺下了。我睡着了，没有把一个危险放在心上，实际上，我们的炮火观察员恢复工作后，受到刺激的敌人发动疯狂的反扑。

瞌睡之中，有什么东西重重撞击在我的肩膀上。我跳起来，手里紧抓着步枪。周围都是轰鸣声，砖在向下落，屋顶和墙被火舌吞没。我终于找到一条生路，立刻冲出地下室，紧趴在地上。炸弹在左边、右边爆炸，一个、二个、三个……炸弹的间距很近，只有30米或40米远。爆炸力产生的震动波掀翻了我好几次，最后落入沟底。我向天上看，俯冲轰炸机向地面飞速冲来，在最后一秒钟才抬起头来，在大地上泼洒烈火的羽毛。

空袭结束了，纳粹步兵从地上跳起来发动进攻。在炮火的掩护下，他们在工厂的围墙附近集结，然后通过围墙上的开口涌入，迅速地在车间之间跑动。我能听见士兵们的叫喊和军官们的咆哮。

我们的机关枪开火了，就好像规定的时刻到了。手榴弹开始抛掷出去，我能根据手榴弹爆炸的声音之不同区分出敌人或自己人。我跑去帮助同志们，我的位置极好，我准备打掉已经冲进我们阵地的敌人。我不断地射击，直到打完最后一发子弹。

天黑之后，战斗才平息下来。我需要检查一下我们狙击手的情况。烟囱是我们的集合点，因为这个标志建筑从各个方面都能看见。我沿路走过第39师和第45师的残留部队。所有的东西都翻个底朝天。虽然我们拼命抵抗，敌人仍然已经成功占领了红十月工厂北面的厂区，这使得他们下一步能开始向伏尔加河岸进发。

为了应对这种危机局面，崔可夫上将调动了后备部队，包括从波甘斯基团、塔拉斯坎斯基团调来的大批士兵，这两个团隶属第45步兵师。他们的任务是消灭那些已经突破我们的防线向伏尔加河进发的敌人。

黄昏时分，我到达了烟囱下。在烟囱的东部我们约会见面的空地上，我见到了库利科夫、戈罗扎夫、赛金、莫罗佐夫，但是，瓦西里琴科、沃洛维泰克、德里克没有露面。

在我们清理干净身上的割伤和擦伤后，我们出发寻找那三个没有露面的人。直到早晨时，我们才在伏尔加河畔的医疗救助站发现他们的踪迹。德里克、沃洛维泰克、瓦西里琴科不是自愿去医疗救助点的，他们患了炮弹休克症，已经不能依靠自己的脚站立，而且德里克还发烧、呕吐。他们的脸肿胀着，眼睛通红，躺在河岸的石头上，没有任何被褥。那天的伤员特别多，医护人员还没有来得及照顾他们。此时，横渡伏尔加河的船也停了——没有一只船驶向河对岸。

我把狙击手集合在一起，带着他们来到班尼河岸一带的阵地，接受第284师的指挥。我们奉命与几名操纵重武器的军士住在同一间掩体里。

第一个来看我们的人是尼古拉·洛格维年科，他最近刚获得新任命，是第2营参谋长，彼得斯基上尉下的命令。他走后，旅政委康斯坦丁·捷连季耶维奇·祖布科夫也来了。同行的还有两个护士柳德米拉·亚布隆斯卡娅、叶尼娅·科索娃，她俩来护理伤员。

旅政委祖布科夫注意到我们的军装几乎成了碎片，下命令给我们换军装。供应主管米哈伊尔·巴巴耶夫给我们带来新军装。我们洗澡、理发、刮胡子，这时我们又好像成为新兵了，但军装实在不合身。我的新军装比我大好几号。衬衣穿在身上像麻袋，靴子奇大无比，我走到哪里，靴子就在哪里砰然落下。

祖布科夫带着上校师长尼古拉·菲力波维奇·巴丘克来看我们。说实话，我希望自己的装束整齐，到底如何我只能猜测了。究竟指挥官会对什么恼火，这是不可能预测的。

巴丘克是一位令人害怕的军官，他总是有不满的东西。他绝不容忍轻率的报告，所以他的参谋人员在他身边尽量不说话。

作为一名高级狙击手，我开始报告战果和伤亡情况。师长从上到下打量我们，然后紧盯着我，最后爆发出一阵大笑。他的大笑有传染性，整个掩体开始变得温暖了一些，气氛也变得松弛下来。

"谁把你打扮成这个样子？"巴丘克边看我们的新军装边询问。

"护士亚布隆斯卡娅。"

"为什么她要把你打扮成这样？"

"为了更像德国人。"库利科夫开玩笑道。

"不要担心，"巴丘克说，"你离结婚还远着啊。扎伊采夫，你就像一个稻草人，"他继续说，"快去旅政委的掩体，换一套比较适合你的军装。"

我有些犹豫，巴丘克抬了抬眉毛看着我。

"你还等什么？"他问。

我激动起来，立刻在几个相邻的掩体门寻找出路，但我好像是迷了路。在其中一个掩体门口前，我遇到一个矮个子，他有学者风度，抽着高档香烟。

我问他："请问教授，这是政委的掩体吗？"

他仔细打量我，然后回答说："我正等着你，稻草人，快进来。"

一进门，一名很有吸引力的年轻妇女向我走来。她的军装被裁减得异常合身，紧绷着她的身体。她系着军官用的宽皮带，上面挂着一个小左轮手枪的皮套。她向我伸出手来。

"莉迪亚。"她简单地说。

"瓦西里·扎伊采夫。"我回答。

她的问题像雨点一样向我袭来："他们在报告中说你用镜子与纳粹决斗，这是真的吗？你从哪里拿的镜子？你会问我是如何知道的？我们旅政委从报纸上剪下有关你战斗的新闻收集在一起，那个人就是阿辽沙·阿法纳西耶夫，他是写那些有关你的文章作者之一。"莉迪亚用下巴指向那位"教授"。

"抱歉，"阿法纳西耶夫说，"我没有认出你的脸，以为你是来找政委开会的宣传员。他正在开会。你真是扎伊采夫？"

我拿出我的共青团证，交给了阿法纳西耶夫。

"太妙了！"他说，"我有了一个好故事了，题目就叫：瓦西里·扎伊采夫来见旅政委祖布科夫。"

这时，祖布科夫走进房间。

他微笑着说："阿法纳西耶夫，不要写这个题目的文章。但是，你可以这样写：第284步枪师的狙击手与第62集团军的上将崔可夫交谈。"

祖布科夫走到一个角落，拿起一个皮文件包，取出一个笔记本，然后坐下。他说："坐近一点，我们聊一聊。时间不多，你说吧。"

"说什么，政委同志？"我问。

"这样吧，你讲一讲你的人生故事。"

他拿起笔准备记录。

"瓦西里·格里戈里耶维奇·扎伊采夫，1915年生，乌拉尔山脉，树林之中……"

政委打断了我。

"等一等，扎伊采夫。如何理解生在树林之中？你想说生在农村里面，对吧？你说的，好像暗示你生在某个原始森林里的某棵大树下。"

"不，政委同志，我出生于一个林农的澡堂里，当时是复活节。我刚满两天，我妈看见我有两颗牙。村里的老人说，这是一个坏征兆，预示着有野兽会把我撕成碎片……"

"……我爸参加过帝国战争，他是布鲁西洛夫领导下的第8护卫军里的士兵。他负伤成了残废，于1917年回到家乡……"

"……当我还是一个小孩子的时候，我的绰号是'外国人'。"

"……附近没有学校。我爷爷教我如何跟踪和射猎。我的射击很好，知道如何构造陷阱抓兔子，能从树上以套索捕山羊……"

光顾回忆，我竟忘记一切。门开了，中校瓦西里·扎哈罗维奇·特卡琴科走进来，他是第62集团军政治部的领导。旅政委合上笔记本。

"好了，瓦西里。我们下次再讲。现在，你需要换装。"

阿法纳西耶夫、莉迪亚正在旁边屋里等我。一套洗涤干净、熨烫平整的军装，外加一顶野战帽子，一起摆在床上，甚至还多给了一个手帕。

床边放着一双皮靴——有点旧，但做工精良。莉迪亚激动地说："换完衣服，我们一起吃晚餐。"

我吃惊地穿上军装和靴子，一切都很适合我，就好像为我定制的。皮带有点问题，应该多打几个孔。原来，这套军装是旅政委祖布科夫的。我从来就没有像现在这么英俊过。我从一个粗糙的前线士兵，眨眼之间变成一个莉迪亚说的"花花公子"。

早晨3点钟，我们团的狙击手都集中在师长的掩体里。我们脸上还贴着纱布和绷带。

瓦西里·崔可夫到了，陪同他的有上尉记者格里哥列夫。崔可夫在屋子里走了一圈与所有人握手，他与每一个人打招呼。接着，他微笑着说："看到你们都包扎着，这很好。这说明敌人把你们舔得不轻啊，对不对？"

"指挥官同志，"我代表大家回答道，"这些绷带不能阻止我们与敌人战斗。请下命令吧。"

崔可夫看着我们。他的凝视有极强的力量，就好像他的眼睛能在你身上烧出窟窿一样。崔可夫将军胸中有大局观，他希望把事情解释清楚，以便我们能理解他的最基本的关切。

"你们的仗，打得很精彩，"他说，"很快打败了法西斯分子。但是，每杀一个敌人，就有两个新敌人顶上来。现在，我们面临一个新危机：敌人已经占领了红十月工厂的西北部分。我不想胡说，那里会有一场艰苦的战斗，你们狙击手的才智在那里能获得充分发挥。我知道你们有3位同志负伤了……"

崔可夫看了看格里哥列夫。然后，他继续说："原因很简单。你们陷入了一场激烈战斗，却忘记了委派给你们的任务。你们变成了冲锋枪手，变成了普通步兵。犯这样的错误必须受到严厉批评，特别是你，扎伊采夫。你的任务是照顾好狙击手小组里的每一个人。"

崔可夫看了看手表，他显得很匆忙。他站起来，把他用来与我对话的笔记交给格里哥列夫。

"我不想浪费你们的时间。你们的任务很特别：猎杀敌人。但是，你们要记着：必须认真挑选目标。我们为每一个错误都要付出鲜血的代价，所以你们每一个人都要认真思考自己的任务。试着从更宽广的角度看这场战斗。那么，你应该如何战斗就变得清楚了。我希望你们成功。"

说完，崔可夫离开了掩体。我走在人群的后面，独自思考着。斯大林格勒战役教给了我许多东西。我变得成熟了，更加强壮。我知道，我与一个月前刚参战的我已经截然不同。

16

冤枉

形势使人绝望。尽管我们拼命抵抗，不仅发动全面的反攻，而且派遣突击部队执行大胆的任务，但是，德国人仍然成功占领了部分红十月工厂，控制着一条直接通向伏尔加河的通道。还有更严重的情况，在巴里卡德工厂的苏联军队与主力部队的联络被敌人切断。

我们知道这样的胜利具有激励起德国人热情的力量，他们会觉得最终胜利唾手可得。如果德国人相信伏尔加河西岸马上就会被占领，他们就会高调向世界宣布，战略要地斯大林格勒陷落，布尔什维克已经惨败，剩余的工作仅仅是消灭红军的残余。

在这样的情况下，我们每个人都必须扪心自问，我有没有尽全力抵御法西斯分子；我有没有完成斯大林同志在他的信中提及的人民的意愿——"在斯大林格勒城外阻止并打垮敌人"。

是的，良心总能给予人忠告。但是，在目前的情况下，良心给予我们的已经不是忠告，而是命令。良心命令我们每个人：忘记伤痛，不顾疲怠，抛弃自我。我们每个人都必须动员自己的意志，投入自己的每一份力量去打碎敌人想在斯大林格勒获胜的希望。良心要求我们参加战斗，蔑视死亡。现在的情况要求我们不能等待命令，而是要主动抓住机会行动，让敌人知道谁是这片土地的主人！

当我在斯大林格勒进行激战的时候，我并没有意识到我刚才所说的这些含意。我当时完全受本能驱使去战斗，没能把事情做深入思考。实际上，在战斗中，根本没有时间思考，只有战斗。

那天聚集在崔可夫将军掩体中的所有人——包括狙击手、指挥官、指导员——都理解形势严峻。我对此深信不疑。但是，彼得斯基上尉除外。

也许我们做士兵的就喜欢对人苛刻。但是，即使今天，事情已经过去这么多年了，我仍然维持我原先对他的看法。

*

与崔可夫的见面结束后，我们狙击手立刻跑入我们在红十月工厂里的阵地。我们一路上穿越战壕，躲避散兵坑，一刻不休息，径直跑向目的地。我们必须在太阳升起前到达岗位。我们必须在已经向伏尔加河突破的德军的侧翼建立狙击点。然后，我们才能打掉纳粹军官和军士。

拂晓，我们抵达班尼溪谷的分岔处，我们此时在溪水的右岸，从这里能进入工厂的住宅区。这个位置很理想，我们能非常隐蔽地进行移动，从侧翼向敌人开火。

然而，敌人并非在睡大觉，他们的侦察兵已经发现了我们的行踪。仅5分钟后，他们就开始轰击我们所在的溪谷。尘土柱和烟柱立刻冲向天空。我们陷入弹幕轰击之中了，天空中因充满了烟和尘土而变得黯淡。整个溪谷到处都在爆炸，就好像是沸腾起来似的。轰炸持续了半个小时，仍不见缓解。后来，纳粹的炮火重新分配火力。一部分向北面移动，另一部分仍然轰炸我们所在的地区。但是，对我们来说，情况并未好转，虽然炮火减少了，但增加了机关枪的射击强度。

烟尘是如此浓厚，呼吸变得困难起来，我们感到浑身无力。我们躺在战壕底部，用手护着头，一步也不能移动。我们只能等待敌人的炮击结束发动地面进攻，这样我们的冲锋枪和手榴弹才有可能发挥作用。

最后，炮击停止了。但是，步兵进攻并没有像我们所期待的那样到来。就在这个时候，一个浑身布满烟灰的人，牙缝中咬着一段管子，像幽灵一样晃晃悠悠地从溪谷底走过来。我从那人下垂的胡子上认出他是洛格维年科，他注意到我们躲在战壕里，所以走过来看我们。沿路上，他遭遇炮轰，烟灰落了他一身，但没有受伤。

我想知道他来这里的目的。显然，他不是为了吸引敌人火力才来这里的。他趴在战壕的土堤上，向我借了潜望镜和步枪。与此同时，其他狙击手也开始工作。德国人几乎没有露面。但是，无论他们目前在干什么，他们肯定是在弹幕炮击之后做准备。尼古拉·洛格维年科拿起枪，向一个目标开了一枪，这种情况不多见。我在潜望镜中看到，他射出的子弹打得那德国人的脑袋直抽搐，钢盔也飞了。

"喂！领导，这一枪算不算命中？"他询问道，就好像是否击中目标要依靠我的意见。这时，死前的剧痛让那个德国人正在抽搐。

"看上去你打中了他。"我说。

洛格维年科停顿了一下，然后用一种完全不同的口吻问道："你看见那块厚石板下面的观察点了吗？"

"那个炮兵潜望镜，你也看见了吗？"

"是的，我也看见了。"

"好，听着。你在3天前让我们的炮火观察员处于安全状况，恢复观察工作。现在，我要你对德国人做相反的工作——把他们搞瞎。我要求你把他们的观察点消灭掉。清楚了吗？如果清楚，赶快去工作。"

说完，洛格维年科离开了，通过漆黑的战壕跋涉回去。

这个新任务具有最高优先级。敌人的观察员和监视哨对炮轰的精确地定位起必要作用。敌人的炮轰严重地牵制了我们，此时我们正着手向敌人的特遣部队发动反击，阻止他们向伏尔加河突破。时间是关键。

感谢洛格维年科，我们知道了敌人主要的观察点的位置。我们立刻发现他们的观察员向外窥视所用的裂缝。那些裂缝在一块巨大水泥石板下面，敌人用这块石板掩盖他们的掩体。德国人藏在那里用防反光潜望镜向外窥视。一想到我们的敌人——这些外国入侵者——竟然用高倍数的光学潜望镜窥视我们的领土，我就感到生气。我心想："你们这些歹徒，我现在要在你们的潜望镜上打出窟窿……"

德国人的观察哨所非常大——安排在6个裂缝之中。我派我们的一个同志对付其中一个，我瞄准最后的那一个，我们商议好同时射击。开火！我们一起发射由6发子弹组成的群射。此后，我们等了3分钟。开火！又一次群射。这第2次群射是为了增加可靠性："别想在这些裂缝中举起潜望镜，你们这群猪……你们再来，我们还是要坚决消灭你们！"

第2轮群射后，不到几分钟，德国的轰炸机开始在工厂上空嗡嗡作响。飞机投下毁坏性的炸弹，巨大爆炸力震动大地，天空被分成密集的层次，最高层是红砖粉形成的烟云，下一层是被炸成粉末的水泥，接着下一层是黑烟，最底下一层是红色的火苗。我们能做什么？对付飞机，狙击手的步枪变得毫无用处……

过了一会，虽然没有人给我们下命令，但我们像是被一种神秘的力量摇撼了一下，跨过废墟向工厂大门口的敌人阵地发起冲锋。

一块小弹片击中了瓦西里琴科的下巴，但我们没有时间停下来。他把弹片从皮肤上猛拉下来，用一块衣服上的布压在伤口止血。我们跳入工厂大门附近的战壕。

"伤严重吗？"我问瓦西里琴科。

"我头晕。"

德国飞机继续像秃鹰一样在天上盘旋。敌人的机关枪扫射打在我们头顶上的砖上。一颗子弹擦过我的钢盔，然后爆炸了，这是一颗榴霰弹，它爆炸出的碎片刺入我的肘和肩。

我本能地跳了起来。这个举动很笨，但确实有些事情能导致士兵失去控制，在不知道目标和原因的情况下开始奔跑。还有更糟的一种情况，你越长时间地忍受各种炸弹爆炸，越长时间在机关枪扫射下战斗，你就会变得更适应这样的环境，变得更不怕危险。我就是遇到这种情况。我变得近乎疯狂，站了起来，完全暴露在敌人火力之下……幸运的是，瓦西里琴科想办法抓住了我，把我拖到一堆钢筋之后。

"头儿，"他叫喊道，"你出什么事了？"

我喘了一口气，恢复了平静。我环顾四周，我们的战士都龟缩在我左边和右边的沟底。敌人的机枪扫射压得他们抬不起头来。与此同时，纳粹则在他们的前沿来回溜达，头抬得高高的。由于空中火力强大，他们的士兵变得骄傲自大。他们的行为激怒了我们。很难把怒火硬咽下去。他们一定以为我们已经变得无能为力，不能再发动任何进攻。

"是到了给他们上一课的时候了。"瓦西里琴科说着把步枪举过肩膀。我也照样做了。在我们的正前方，4个纳粹正在缓步行走，肩上扛着弹药板条箱。他们笑着，开着玩笑。我们没有交换任何意见，瓦西里琴科开了第一枪，我打第二枪；接着，我们来了一次群射，把另2个敌人射穿了。不幸的是，瓦西里琴科的步枪在打出第二发子弹后卡壳了。

头顶的德国飞机单调的声音变得越来越大。我拉着瓦西里琴科，跑到工厂的墙脚下躲避。连续的炸弹爆炸逐渐地把墙削矮，每一秒钟墙给我们的掩护似乎都在变小。

沃克林·瓦西里琴科垂下头，心情沮丧。没有步枪，对他来说怎么可能是好事？我想办法把卡住他步枪的那发子弹取出，他不愉快的脸色变成微笑。

此时，敌人已经很接近我们，战斗需要冲锋枪手，而不是狙击手，虽然崔可夫将军警告过我们，但实际情况确实改变了。所以，我和瓦西里琴科再次成为冲锋枪手，带领大家进行反攻，把手榴弹像雨点一样投掷向敌人。

维克托·梅德韦杰夫加入我们的队伍。在一次激烈的反击中，一组德国人埋伏在他身后，猛击他的头部将他打倒。德国人在他嘴里塞入东西，把他拖走了。

我大声说："跟我上！"为什么我能有那么大的力量呼喊，我自己也不清楚，但我确实大声叫喊了，我的喊声响彻战场，洪亮得就像教堂的大钟一样。我们沿着德国人带走维克托的路线在废墟里飞奔，四周到处是颠倒的列车车厢。我们跑到他们前头，切断了他们的去路。德国人赶紧转向，试图利用几间被推倒的木屋之中做掩护，但我们却没让他们得逞，在一块平地上追上了他们。我们解救出了维克托，而且还抓住一个活着的纳粹，这家伙身躯很大，淡赤黄色的头发，穿着一件女式的毛皮大衣。

不过，自此麻烦就来了。我与彼得斯基上尉之间的痛苦经历都始于这名俘虏。这件事的关键点是那俘虏在我们带他回来的路上死了。敌人的机关枪向我们扫射，不幸的是，第一轮扫射就打中了那俘虏，他的脑袋被打掉了。我们受到敌人火力的封锁，畏缩在一个弹坑的底部长达一天之久。在此期间，维克托·梅德韦杰夫满头是血，昏迷不醒。

直到太阳落山后，我们才想办法抵达叶夫根尼·沙泰洛夫的掩体，沙泰洛夫是第3营冲锋枪连的连长。此时，我才知道彼得斯基上尉从早晨开始就在找我。他派出通讯员找我，通讯员四处寻找，但一无所获，甚至包括最有经验的侦察员在内的所有人都找不到我们这一组狙击手。彼得斯基上尉非常恼火。他认为，自从与崔可夫将军见面后，我们这组狙击手就变得狂妄自大。他说服所有团级指挥官相信，必须对我们抱有戒心，就好像我们擅离职守似的，并决定削减对我们的责任。

这就是为什么从我参加斯大林格勒战役第一天就认识我的叶夫根尼·沙泰洛夫在见到我时用严厉的口吻表达出一种疑虑："你们去哪里了？"沙泰洛夫的头发极细，他喜欢用润发油把头发梳理得光滑漂亮，他的肩膀永远塌陷着。他身体向前倾着，凝视着我说："你好吗？"

难道他真的是要控告我们怯懦吗？我感觉一股凉气涌起，顺着脊柱向下而去。我一句话也说不出来。

"瓦夏，我觉得你没有做错什么事，但你必须解释你去哪里了。"

通讯员亚历山大·布兰诺夫向团参谋部报告所有狙击手已经回来了。彼得斯基上尉此时是我们的参谋长，正在接电话，他要求与我通话。

"哎呀，水兵们，我猜咱们的头儿已经落入一个圈套，现在，他正要去上钩。"有人在我背后说。布兰诺夫对我小声说："瓦夏，要冷静！不要让他们吓着你！"

布兰诺夫的忠告是正确的。彼得斯基上尉严厉痛斥了我，我几次想开口解释，他打断我道："闭嘴！"

最后，我从侧面找到一个说话的机会："我请雷克杨斯基上尉来这里一下，我们需要整理一下有关俘虏的文件……"

没有等我说完，彼得斯基大叫道："俘虏在哪里？"我没有完全理解参谋长的意思，只能回答道："他被打死了……"这个回答让彼得斯基大发雷霆，如果说我曾经见过他发怒的话，现在他则是暴怒。

"把狙击手小组给你管太纵容你了！"他尖声喊叫道："我们为抓活着的俘虏损失几个最好的战士，而你竟然胆大妄为开枪杀俘虏！我命令你立刻写报告说明此事。你的狙击手小组领导权被剥夺了！"

我把电话交还给通讯员，走出掩体。跟着我走出来的狙击手有：库利科夫、德沃叶斯金、赛金、莫罗佐夫、戈罗扎夫、阿布扎洛夫。维克托·梅德韦杰夫被重击了6下，难以步行，没有跟来。

我向跟来的狙击手们解释了彼得斯基上尉所说的。大家低声议论着。

"感谢上帝，"我心想，"我的组员仍然尊重我。"我仔细品味着严厉的彼得斯基到底是一个什么样的人，像他这样的军官，每个士兵早晚都会遇到——为了证明自己的存在的价值，竟然让下属生活在痛苦之中。

"尼古拉·库利科夫，除我之外，你就是最有资历的人了，你来接替我指挥。"

"为什么不让维克托·梅德韦杰夫来指挥？"库利科夫反对道。

"我们必须送维克托去团部的救助站，"我说，"我们应该现在就去，因为天现在还是黑的，让我们一起去。"

维克托·梅德韦杰夫从掩体中走了出来，搂着通讯员布兰诺夫的肩膀。"我现在感觉好多了，"维克托咳嗽着说："带我跟你们一起走。"

实话说，维克托看上去像一个刚活过来的人。他脸上的肌肉塌陷着，就好像老了20年。"维克托，"我告诉他道，"我们绝不会丢下你。"

我们躲藏在列车车厢底下。从这里，我们必须跨越一条横贯铁路路基

300米的开阔地带。即使在晚上，铁路路基也是敌人机关枪十字交叉扫射的目标。我们就是要试一试运气，就好像瞎子在断崖边玩死亡游戏。

"也许，这是我最后一次行动了。"我黯然神伤。我死后，他们会在报纸上刊登一条告示，就像他们为每个阵亡人员所做的那样："……在前线执行任务时阵亡……"

班尼溪谷的夜空，一颗照明弹腾空而起，在它飞行的轨迹上拖着一条长长的火焰尾巴。然后，它爆炸了，声音低沉，随后，无精打采地坠落下来，就好像一个熄灭的电灯泡。我们匍匐在地，向能藏身的地方爬行。

四周寂静无声，这不是好征兆，因为这会使跨越开阔地带变得危险。我们知道敌人就在附近，他们正在努力寻找最细微的声响。我必须牵制敌人，于是我站了起来，阿布扎洛夫跟着我站了起来。我们沿着铁路路基走，故意用靴子跺地扩大动静。但是，敌人仍然保持安静。这说明他们正在等着更多的东西，于是我决定就多给他们一点。我向铁路的另一面投掷了一颗手榴弹，这足以刺激起德国机关枪的扫射。多颗曳光弹从我们头顶发着嘶嘶声飞过去。

我和阿布扎洛夫向敌人回击，其余的人则跨越危险地带，维克托·梅德韦杰夫由两名狙击手搀扶着。德国人用机关枪把我和阿布扎洛夫压制住。我们龟缩在一个水沟中，头不能抬，脚不敢动；他们的扫射连一分钟的停息都没有。

我们的脚边有一个排水管，我俩谁都不知道它通向哪里，但爬进排水管比龟缩在这个水槽中要好，也比让炽热的铅弹发着嗡嗡声飞过面前要好。我和阿布扎洛夫滑入排水管，开始爬行。

我们能听见外面有炮弹爆炸、迫击炮弹爆炸、手榴弹爆炸，每次引爆都在排水管里产生共鸣，那回音就好像在我们头顶爆炸一样。如果这时敌人来抓我们，我们就成了烤面包片。他们只需向排水管射击，我们无处可逃避。我们必须尽快离开这里！最后，我们看见前面有光线。

这根排水管把我们带到一段排水渠，排水渠有水泥壁。一颗照明弹又在天上亮了起来，我们紧靠着排水渠的水泥壁。我们听见附近有纷乱的交火：手榴弹沉闷的巨响，噼啪噼啪的冲锋枪声，机关枪沉稳的嗡嗡声。

"我们在哪里？"阿布扎洛夫问，"我们在德国人的地盘里吗？"

"不，"我说，"我觉得这里应该是在兄弟们中间。如果是德国在附近射击，我们能听出来，因为他们用爆炸子弹，而我们用标准子弹。"

我们默默地爬着。一阵低沉的声音接近我们。我听不清那声音说的是什么，但肯定是俄语。有士兵在黑暗里走，什么东西绊了他们，他们正在诅咒。又是一颗照明弹升起，在照明弹的亮光下，我们看清了他们——两个苏军冲锋枪手。我们现在能听清他们说的话了。

"他们应该就在这里，我肯定看见他们在这里摔下去了。"

"那么，好吧，自以为了不起的家伙。"另一个士兵问，"他们在哪里？"

"在这里。"我低声地说。

那两个冲锋枪手立刻卧倒。过了一会，他俩意识到我们是苏联人，开始说话了。

"我们正在找几个德国人！"

阿布扎洛夫此时展露出他那著名的脾气。他嘲笑道："你们找到了，快到附近游玩一会，然后带我们回你们的指挥部！"

在去他们指挥部的路上，我们听说，其他几个狙击手已经安全抵达伏尔加河边的医疗救助站了，这让我们松了一口气。

*

黎明，我抵达彼得斯基上尉的驻地，提交我的报告。我对与他见面怕得要命，感觉自己多少有点瘫软，但是我别无选择，无论向他提交报告有多么不愉快，我也得去做。我在报告中详细地叙述事情的经过，从开始一直到德国俘虏被打死。我甚至没忘咔嚓一声立正。

彼得斯基是一个身材高大的人，八字须上着蜡，显得很自负，还保留着沙皇时期的风格。他盯着我，就好像他要从我身上找出什么怪异的东西。然后，他问："哟，我们怎么处置你呢？把你送到刑事犯连，或送上马马耶夫岗？"

"先生，请您把我送到最危险的战场上去！"

"很好，梅德韦杰夫将接替你的指挥权。这组人将坚守射击阵地，地点在红十月工厂的北部边缘。但是，你立刻去马马耶夫岗。"他一定以为去马马耶夫岗就是判死刑。显然，他忘记我曾经在马马耶夫岗战斗过，并且活着下来了。

"是的，先生，去山上。"我回答道，佯作无知，转身向外走。

"尽情玩吧!"彼得斯基发出一道命令。

我转身面对着上尉，重复着他的命令，然后以更加夸张的动作转身，向门口走去。

"尽情玩吧!"我听到上尉大叫道。但是，我此时已经离开他的掩体，正向马马耶夫岗前进。

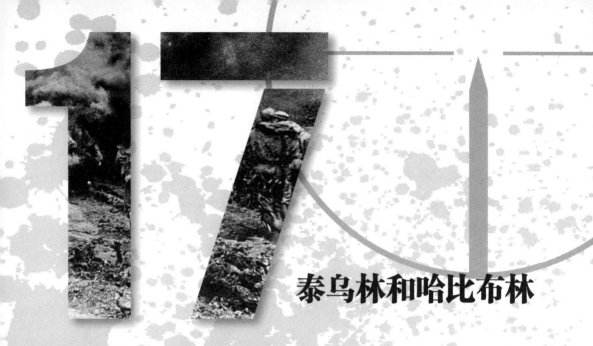

17

泰乌林和哈比布林

我独自一人来到第3营，军士阿布扎洛夫留在了参谋部。这个顽固、坏脾气的巴什喀尔人无法认同彼得斯基上尉的决定。我也感觉受到了侮辱，心情沉重。不过，就像人们常说的，乌云里面是白云。我坐在冲锋枪连掩体的旁边，一件一件地拆卸步枪的零件，然后进行清洗。就在这个时候，一级中尉沙泰洛夫走了过来，他知道我正经历痛苦，在我背后默默地站了一会，然后镇静地说："瓦夏，你为什么不去看看坡上的情况。好像德国人在坡上建立了一个狙击手据点。"叶夫根尼·沙泰洛夫知道如何鼓励我战斗。"带我去看看那地方！"我回答。

水塔的南面有一处下陷处，估计是一个炸弹坑。下陷处的右边有一些干树枝伸出来。这些干树枝不能提供什么火力掩护，却影响我的视线。弹坑的左边有一片矮树林，矮树林旁边靠近弹坑的边缘处有一个迫击炮的炮弹，其弹翼支架已经被炸断并扭曲着，就好像是山羊的角似的。

"你有什么看法？那里有敌人狙击手吗？"沙泰洛夫问。

"那个位置很好，"我说，"他的视野极佳，隐蔽性也很好。"

在战壕里，在沙泰洛夫中尉旁边的那个岗位坐着的是冰冷的、瘦高个的斯捷潘·科拉泽。他是沙泰洛夫的信号兵，大家都知道他的名字，他的教名是斯捷潘·伊凡诺维奇。他的勇气令人尊敬，但别人都害怕他的坏脾气。斯捷潘猛抽几口烟，直到只剩下烟头，然后开口说：

"如果我是一个狙击手，我就要消灭那个观察点……"斯捷潘·伊凡诺维奇把手伸出指着目标，但是，没等他说完话，一颗爆炸子弹击中了他的手腕！

显然，自己的同志负伤了，谁都不高兴。虽然斯捷潘·伊凡诺维奇被子弹击中令我不高兴，但彼得斯基的做法在我内心引发的辛酸感情却消失了。如今，我不再心烦意乱，也不再依靠闲聊来驱赶彼得斯基给我的痛苦经历。命运把我抛入一场对抗之中，我的对手是目光敏锐的德国狙击手。我绝不能让自己的微小不幸分心。

我开始搭建几个诱骗位置，借以吸引敌人露面。用这种办法，我希望能看清他。

"你需要给我一个帮手。"我告诉沙泰洛夫。斯捷潘·伊凡诺维奇不能帮我了，因为我们送他去了医疗站。

"瓦夏，你应该知道，"沙泰洛夫说，"我们这里缺人。"

"我只需要一个人做帮手，"我表示抗议，"我需要设立2个或3个射击位置。挖土的工作量太大，我一个人完不成。"

沙泰洛夫一边思考是否答应我的要求，一边低声地哼哼。

"好吧，"他说话了。这说明他同意了我的要求，"我会很快派一个人来。耐心一点，瓦夏。"

我回到我的岗位上。我一边等新帮手来，一边继续工作。我估计了对方狙击手的射击高度，在战壕的壁上做了记号。然后，我开始在战壕壁上挖放胳膊的地方。

一小时后，我挖出了3个可供使用的狙击手位置。这样做是为了慎重。如果我要进行一场全面对决，我需要几个后备狙击位置。

我把钢盔留在第3个狙击位置的土堤上作为诱饵。这是一种原始的做法，但此时也只好如此。如果钢盔无法吸引对手的火力，我稍后会制作一个人体模型。

就在我从钢盔所在的位置向后退的时候，一阵震耳的叮当声后，那钢盔被敲打到战壕底部了！从钢盔的凹痕判断，我肯定对方的狙击手是在射击斯捷潘·伊凡诺维奇的位置上再次射击钢盔的。"抓住你了，"我心想，"如果你如此心急，我今天一定要安慰你一下……"

我回到我的位置用炮兵潜望镜观察敌人的位置。中午，我看到一块装甲护罩，这种护罩是重机枪手放在马克西姆机关枪前做防护用的。护罩直立在地上，距离我有600米，位置在一片矮树丛后，用干草做伪装。在树枝后面，我能看见一个黑色的潜望洞——原先这块地方是供马克西姆的枪管使用的。我不断看见敌人狙击手的步枪枪口在护罩的开口处隐约地闪现。

把一颗子弹射入那个洞口达不到任何目的。射入的子弹只能射飞敌人狙击手的枪管，除了吓唬一下他外，什么威胁都没有。我感到困难。我必须等到对手站起来，或者等他把头抬起来。

非常幸运，我没有等多长时间，另一名德国兵给那个狙击手送午饭。两个钢盔在护罩上方露出来。但是，哪一个是那德国狙击手的呢？就在这个时候，太阳光下有东西闪亮——应该是热水瓶的杯子。啊哈，我对自己说，他们给狙击手带咖啡来了。谁会喝呢？不会是刚才送午饭的那个。咖啡应该是给那个干渴的狙击手。那两人中的一个把头向后仰，他正喝干最后一滴咖啡。我以最文雅的动作压了一下步枪的扳机，那狙击手的头突然向后倾斜，一个发亮的杯子掉到护罩的前面。

我转移到附近的有利位置，防备我的射击暴露我的位置，但我多虑了。由于距离很远，战场上的噪音也多，德军战壕里没有人能注意到我这一支枪。此外，时间正是下午刚开始，光线很强，没有人能观察到我枪口的闪光。

几分钟过去了，一名苏联士兵走过来。他大约有40岁，宽大的肩膀，厚重的眉脊向外突出，总是保持一种严酷的表情。他的头伸出脖子的样子就如同乌龟一般。他费力地爬到我身边。

"泰乌林！"我心里说，"真是令人惊奇啊！"这位脖子像乌龟的家伙，他与我是同村的邻居。我高兴看到家乡的人。不过，我想跟他开玩笑，于是仍然保持沉默，因为我想看一看泰乌林能不能认出我。

他向我做自我介绍："他们叫我皮欧特，皮欧特·伊万诺维奇·泰乌林。"

"你好，皮欧特·伊万诺维奇，"我回答，"我能为你做点什么？"

"连长派我来这里。"他说。他把重心从一只脚换到另一只脚，紧张地四处看，就好像是德国人的子弹随时都会打中他似的。

"连长说来这里找我从乌拉尔山来的老乡。我猜连长指的就是你。"

"所以，"我说，"你将是我的帮手。"

他立刻变得恼怒。

"你是谁，竟敢命令我？"

"我就是那个从乌拉尔山来的同志。"我回答他，几乎忍不住要笑出来。

皮欧特·泰乌林，外号是"老憨"，此时仍然没有认出我。

他对我说："那么，你就清楚地告诉我该做什么。"泰乌林生气了，好像要拔腿就走。在山坡上，我们的右手边有一条废弃的战壕，我用头示意去那里。

"那个战壕有没有可能容纳一个狙击手位置？"

"你当然可以在沼泽地里养马。"泰乌林立刻暴躁地回答我。他似乎以为我在逗他玩。"但是，马失前蹄是常事。我们在那个战壕中损失了3组机关枪手。我们连称之为'血染的战壕'。敌人已经瞄准了那地方。你要是觉得自己不傻，就去那里亲眼看看。但是，你去了，你就是一个死人了。"

我不敢相信泰乌林竟然认不出我，只能强压着笑声。我的乌拉尔山的老乡感到非常不愉快，因为他认为我从他"血染的战壕"故事中看出了幽默的成分。他眯缝起眼睛，弄皱了眉头，把头缩进肩膀，就好像是乌龟把头缩回壳里似的。

"见鬼，有什么好笑的？"泰乌林说话的时候，唾沫都喷出来了。"我走了，你自己在这里吧。我来帮你，而你却选了这么一块愚蠢的地方。你能做的就是取笑我……"

泰乌林笨拙地站了起来，转身就要走。

"不行，"我心想，"他真的是要走了。"我记得他是很顽固的人。

"老憨，等一等！"我冲口说出。

泰乌林转过身来，他那突出的眉脊抬高了，眼睛睁大了。他把头向前伸，盯着我看，显得有些迷惑。"瓦西里，是你吗？格雷戈里·扎伊采夫的儿子？"

机关枪打断了我们的谈话。爆炸子弹射入我们头顶的土堤，沙子和碎片像雨滴一样落下来。

泰乌林浑身发抖，闭着眼睛，紧贴着战壕壁，大声叫喊道："我们成了目标，根本不能伸出头去看看！"

"请放松，"我安慰他，"我们能做的是给他们的枪手设置一个陷阱。"

泰乌林提出一个疑问："敌人距离我们有600米远。这么远，如何设置陷阱？"

我向泰乌林解释了狙击手猎取目标的方法，我希望让泰乌林镇静下来。我拿起一根木棍，在战壕壁上画了一幅图，说明能让我们发现敌人枪手的角度。

"我们只需打掉其中的一个人，"我解释道，"剩下的都会被吓跑。"

"瓦夏，"泰乌林反驳道，"你难道不知道德国人也有狙击手吗？"他说话的声音小得就如同耳语，就好像敌人就在旁边的战壕偷听我们说话。

"老憨，"我说，"别担忧，我已经在他们耳朵里灌了铅。"

泰乌林突然恢复了活力，他看看这边，又看看那边，开始用铲子拼命地挖土。

"等一等，泰乌林……"

"请叫我皮欧特·伊万诺维奇。"

"好，皮欧特·伊万诺维奇，"我说，"请等天黑下来后，再挖土。现在，给我一个潜望镜，一块夹板，一些钉子。"

"随便你要什么，瓦夏。但是，你等待什么？你要做什么？如何对付敌人的狙击手？"

"他死了，"我提醒他，"死掉了。"我用手指对着我的头，就像拿

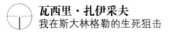
着手枪一样，然后扣扳机："完蛋了。"

天气越来越冷，泰乌林双手摩擦暖、击掌取暖。"瓦西里，记住要谨慎。"他转身爬走，他的头缩进肩膀里，简直跟乌龟一样。

在接下来的两个小时里，我离开主战壕，给我的简单射击位置增加伪装。当我完成伪装工作时，我感到非常疲惫，想立刻去睡觉。我想起泰乌林，我感到对不起他。我不应该派这个年纪大的家伙去取木板，我们其实可以晚一些时候再做建造工作。我靠在战壕壁上很快睡着了。

两个小时过去了，我在朦胧中听到皮欧特·伊万诺维奇的声音。他走下战壕寻找我。我又睡着了。泰乌林边走边喃喃而语，情绪越来越不安。最后，他就好像回到我们村里似的，咆哮道："瓦夏！"

他这一叫，我醒了。然而，我不说话，想看他下一步做什么。

"瓦夏，出来！午餐变凉了！"

我站立起来。我离他其实只有几英寸远，但他没有看见我。

"你觉得我躲藏得如何，皮欧特·伊万诺维奇？我的伪装工作是不是做得很好，对吧？"

他不回答我的问题。很清楚，他感到不愉快，因为我躲藏起来不理睬他。

"午餐的食品很好，"他对我说："大麦粥，外加肉汤。"

"我问你我的伪装技能，而你却与我谈麦粥。"

"瓦夏，我现在对伪装这类事不感兴趣。到了你应该吃饭的时间了。"

我坐下吃饭。我们轮换着从罐里用勺子取食物。皮欧特·伊万诺维奇只吃大麦粥，他把肉和汤里好吃的干货推到靠我这一边。

"皮欧特·伊万诺维奇，"我提出抗议，"你为什么不吃肉？"

"瓦夏，今天，我感觉不好……"他不太会为自己做解释。"换一个话题。"他用抚慰的语调说，"喝一些茶，闭一会眼，好不好？至少应该睡一小时。你的样子看上去疲惫的，肿胀的眼睛红红的。在你休息的时候，我可以去取你需要的钉子和木板。"

这顿饭让我感到满足；一种带给我极大快乐的宁静遍布我的全身。我背躺在战壕底部凉爽的沙堆上，立刻睡着了。夜里，我醒来了，简直不敢相信我的眼睛。皮欧特·伊万诺维奇用他的大衣把我裹起来，拿一个背包放在我的头下面，用一件毛线衫把我的脚包起来。对我来说，这有可能是斯大林格勒最柔软、温暖的床铺了。

泰乌林距离我有几米远，猛烈地挖着土，把装得满满铁铲的土举过肩膀。

"皮欧特·伊万诺维奇，"我对他说，"没有大衣，你会冻坏的！为什么……"

"瓦夏，"他告诉我，"别担心，我不冷。我的工作让我暖和。"原来，在我睡觉的时候，皮欧特·伊万诺维奇从我们战壕向外清理出了一条新的路径。

破晓时分，纳粹决定用空袭欢迎我们。这次空袭，敌人的飞机只投掷了轻型炸弹，但是，至少有30多颗炸弹直接落入我们战壕之中，整个战壕弥漫着烟、土、陈腐气味的爆炸物。没等空袭的黑云散去，大口径炮火开始向我们战壕的防护堤进行轰击。我们利用泰乌林新清理出的通道成功地逃离，两秒钟后，两道亮光从头顶坠落。这两颗重磅炸弹的爆炸把我们的掩体摇晃得就像摇篮一样。

"虱子！"泰乌林呼喊道，接着又说："猪！"

"皮欧特·伊万诺维奇，"我因对他所用的语言感到吃惊，"你在诅

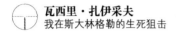

咒谁？"

"你应该知道是谁……我们必须踢他们的屁股……"他的话被掩体外一声爆炸所打断，有可能是加农炮弹，也有可能是迫击炮，我猜不出，但我们掩体的入口被炸塌了。只有微弱的光线透过废墟照射进来。我和泰乌林被掀翻在地，泥土掩埋了我们。

我用手摸全身，没有发现骨头被折断，能抬起头颅，但泥土堵住了我的鼻子，盖住我的头发。我听见泰乌林就在我旁边，他把自己知道的所有诅咒语都拿出来骂，我猜他应该没有问题。

"喂，皮欧特·伊万诺维奇，"我说，"起来，让我们挖一条道出去。"

他没有回应。我在他前面走动，才发现他的耳朵被震聋了。我用手比划，他理解了我的手势。

炮轰后，纳粹开始步兵进攻，这正是我们期待的。他们先用大炮"软化"我们，然后派步兵前进，这就是他们的方法。我们能听到他们进攻的声响，却看不见他们，因为我们还被埋在"血染的战壕"里。我俩拼命挖土，但尽量保持不出声，因为我能听到上面有士兵的脚步声。我们无法知道那沉重的靴子踱步声是敌人发出的，还是我们自己人的。

泰乌林用他那双像熊掌一样的大手当耙子挖沙土。他的手被刮破，最后鲜血直流，就好像他挖的不是沙土而是烧得红红的热煤。最后，我们打通了到地面的通道。

此时，我们能通过一个狭窄的缝隙看到阵地前沿发生的情况。这个缝隙有6英寸高，1英尺长，够我们窥视外面，但还无法钻出去。

我看见一个德国人宽阔的后背，他穿着纳粹党卫军制服。我其实能伸出手，拍拍他的肩膀。我最初以为他是军官，但后来发现他是一等兵。他有一支冲锋枪。他扣扳机射击时肩膀在抖动。后来，他身体偏转了一些，我看见他是站在一挺有三脚架的德国MG34型重机关枪旁边。德国人刚把这挺机关枪搬上来，实际上就安置在我们头顶！机关枪组成员去哪里了？没有人知道。

我抓起我的冲锋枪，伸出缝隙，扣动扳机，但没响。我的冲锋枪被沙子阻塞了。我狂怒得想用手把冲锋枪撕成碎片。与此同时，那个德国士兵再次抖动，因为他又在向我们的部队射击。泰乌林捅了捅我，想看看外面的情况，但空间太小只能容纳一人，所以我用肘把泰乌林推向旁边。接着，我扯下一颗手榴弹上的保险栓，抛掷在德国兵的脚下。我在洞穴中躲避起来，不到一秒钟后，炽热的金属破片从我的头顶喷射而过。

泰乌林用肩顶住一个木梁，但他用全力也无法使之松动，于是他换了一个姿势，用双脚推开一条供我们出去的通道。

我俯身拿起被杀死的德国兵的冲锋枪。附近地上还有一支德国造冲锋枪。我一定是用同一颗手榴弹杀死了两个德国人，所以，我手上有火力了，但该向哪里射击呢？天空笼罩在尘土和硝烟的浓雾中。从声音上，我判断战斗已经深入到我们阵地中心，我必须从后面进攻敌人。

我手拿德国造冲锋枪，但不知道如何开火：我从来没有用过德国造冲锋枪。这时，我听到身后有猛烈的冲锋枪射击声。我的心紧了一下。我转过身，以为这次肯定要被子弹射穿，但我看到泰乌林正用另一支纳粹兵死后留下的冲锋枪射击。泰乌林也许不是最聪明的人，但他比我会用德国造冲锋枪。

我看到一个德国冲锋队上尉，大约距离我有50米远，他背对着我。他手拿一支手枪，正向他的士兵下命令，由于浓雾，我看不清士兵。我放下冲锋枪，拿起步枪射击，德国上尉倒在泥土中。我接着寻找下一个目标，

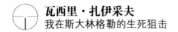
浓雾使我分辨不出任何东西。

与此同时，泰乌林已经打光了冲锋枪的子弹盒。他丢掉冲锋枪，爬到那挺MG34重机关枪前，左右摇晃几下，保证机关枪站稳。他把机关枪瞄准好，把机柄后拉，扣动扳机。这挺机关枪设计精良，射击起来就像钟表一样准确无误。

进攻的纳粹此时处于腹背受敌之中。他们陷入迷惑，四散逃跑了。现在，"血染的战壕"正在给德国人送去死亡。泰乌林继续射击着。他不时地调整握机柄的姿势，嘴怒吼着："啊哈，狗娘养的，我抓住你们了！"

德国迫击炮手终于发现我们占领了MG34机关枪，正用它打击德国人。凶猛的迫击炮炮弹像雨点一样向我们倾泻。我被掀翻了，暂时失去听觉，好像是被泥土掩埋了……

不知过了多长时间，我睁开了眼睛，看见泰乌林和几个沙泰洛夫手下的冲锋枪手。有人说我们已经击退敌人的进攻，重新夺回了阵地。

我脑袋里嗡嗡响，许多人在我身边说话。五颜六色的光圈在我眼前游离。战壕正在旋转，刚被轰炸过的大地像炉子一样辐射出热浪。

泰乌林解开我的衬衣的扣子，以便我能呼吸。他的手在颤抖，左眼流着泪。战斗结束了，泰乌林的鞋跑掉了，战斗结束后他才发现。有人开玩笑说："大叔，您的脑袋还能紧紧地旋在脖子上，这是一件好事！"后来，泰乌林解下一双纳粹死尸穿的圆头靴子，那双靴子制作精良，泰乌林穿得非常合适。

那天晚上，我们把"血染的战壕"转化成一个令人满意的居住区。我们用沙袋搭建了一个枪眼，在掩体入口处挂起一块油布保持温度。我们把掩体内部布置得令士兵们满意；掩体外部则维持原状。这样就让德国人认为这个战壕仍然是废弃的，就像俗话所说的那样，两颗炸弹从来不落入同一个弹坑。

第二天早晨，给我们提供早餐的是哈比布林，他是一个喜欢谦让的人，工作起来不怕辛苦。给前线送饭的工作由他完成。哈比布林的肩很宽，大约有50岁，有一小束灰白的山羊胡子，长着一双亚洲人的细眼睛。他把一保温瓶的炖肉放在我面前，然后热情地拥抱我，然后拍拍我的背说："好，同志，大吃，大吃，然后喝茶……"

这时，泰乌林醒来了，就像被热水烫了似的跳了起来。他看上去很生气，这有可能是有别人取代了他的地位。他好像要揍科哈比布林，于是我赶紧介绍我的老熟人。

"哈比布林，是我在前线的老朋友，"我开始介绍。

"前线，什么前线？"泰乌林模仿我说道，"仓鼠……不知疲倦！一只前线来的仓鼠！"

"你说什么仓鼠？不对！"哈比布林开始反击。他告诉泰乌林一个故事，说明他如何来参加战斗。这个故事，我早就听说过了。俄语是他的第二语言，他用俄语说话不利索。

哈比布林是来自奇什马的巴什喀尔人，他参加军队纯属偶然。他来前线看望自己的儿子萨凯克。哈比布林骑着他那匹红棕色的马，来到火车站。火车站边上有一排马拉的大车；这些马都没有上马具，拴在大车上，懒洋洋地咀嚼干草。

"我的那匹红棕马，她跑了一夜。路，很长，很长。她累了……"哈比布林耐心解释着。他把自己的马与其他马拴在一起，这些马都属于军队大车队的，这样，他在找儿子的同时，他的马还能咀嚼干草。他在队伍里进进出出，把头伸进每一节被他称为"绿盒子"的列车车厢，大声叫着儿子的名字。但是，萨凯克没有回应。

当哈比布林回到他拴马的地方，他的红棕马不见了。马匹和大车都被装上了火车。

"士兵偷了我的红棕马！"哈比布林大声叫道。

他的马脚上有三角形的标志，这为他提供了踪迹，他立刻跟着马脚印进入其中一个"绿盒子"中。他没有被允许进入车厢，于是他开始皱起嘴唇透过手掌吹口哨，呼叫他的马匹。他的马听见主人的呼叫，踌蹄回应主人，但是，列车此时开始慢慢向前开动。哈比布林想办法跳上列车的踏板。从此，他就一直跟着军队，他那红棕马就跟在他身边，他成为供应排的马匹管理员。

就在参加斯大林格勒战役前，哈比布林找到了儿子萨凯克。父子决定在同一个团里并肩战斗，他的红棕马也被批准正式享受部队的饲料定量配给。

"巴巴费德亚是一个好人。"科哈比布林说。"巴巴费德亚"是他给供应排长费奥多·巴布青高级军士取的名字，巴布青为哈比布林留下一匹额外的马和一辆双马位的大车。

哈比布林所在的团参加了斯大林格勒的战斗，第一天的战斗异常惨烈，伤亡严重。哈比布林发现自己的儿子躺在伤员之中流着血。他用马车拉着儿子萨凯克去了军队医院，然后把马和马车留在后方，他则回到前方，接替儿子的位置战斗。我记得那天他的眼睛里流着泪水。

"我的萨凯克伤得很重，炸弹还杀死了我的马。我为士兵运输弹药，但你却叫我……"哈比布林变得沉默不语起来。泰乌林心软了。"请原谅我。"他说。

从此之后，这两个人好像变得较理解对方了。不过，有一次，泰乌林为一些事又要打哈比布林。哈比布林开始较频繁地来访我们掩体。他除了给我们带来装子弹和手榴弹的板条箱，还带来肉食。他就像一匹驮运物品的马，来往时背上从来不空着。如果他来的时候背着子弹，回去时就背上伤员。虽然他的俄语不好，但他知道战壕里的战士最缺什么。

阿布扎洛夫，就是那个"侏儒"，他也是巴什喀尔人，他和哈比布林用他们本族语言交流。哈比布林称阿布扎洛夫"我的萨凯"作为回报，阿布扎洛夫格外重视哈比布林，称他是"阿塔"，意思是"父亲"。

在战役期间，哈比布林被授予"荣誉服务勋章"。我觉得他获得这个勋章时比我获得"红旗勋章"时发抖得还要厉害。参加战役两个月后，他变成一名有经验、勇敢的战士。

*

有一天，哈比布林犯了一个错误，这个错误给他带来极高的代价。我们又受到炮轰，有一个颗炸弹距离我很近，我被震得像患了中风病似的，几个小时之后，我仍然握不住我的步枪。我听到德国人的机关枪嘟嘟声，接着，哈比布林跌入我们掩体，他嘴唇变成蓝色的，脚步不稳，脸向前跌倒了。这时，我们才注意到他背上有两个黑洞，血从一条胳膊中流出。

泰乌林撕开哈比布林的大衣和衬衣，给哈比布林的伤口用凝血剂，包扎被打坏的肘关节。哈比布林在这个过程中没有呻吟，甚至连一声都没有吭。我把一个烧酒瓶放在他嘴唇上，他仅微笑了一下，连连摇头。

"你的酒不喝。"

"求你了，"我说，"就一小口，你会感觉好一些。"

"至少喝一滴，"泰乌林要求，"这些酒其实就是你用手给我们运来的。"

"对你们乌拉尔山来的人，酒是好东西。但是，让我咽下烈酒是坏事，是有罪的。"

直到这时我们才发现他不喝酒，而且忍受不了酒。

"如果他不喝酒，疼痛会使他很难过。"泰乌林说，"他需要去医院。"

这时，哈比布林才开始呻吟，他说："我哪也不去。我的儿子萨凯克就是死在这里。"

这是我们第一次听说他的儿子已经死于受伤。我们知道他儿子负伤后被送往医院，但哈比布林把儿子的死讯埋在自己心里。

我要为哈比布林报仇，杀死那个用机关枪射伤他的枪手。我还没有说话，阿布扎洛夫就感觉到我的想法。

阿布扎洛夫拿起武器，爬出掩体。几分钟后，我们听到他的武器不断地发出噼啪声，接着敌人的机关枪突然停止了。阿布扎洛夫爬了回来，他的脸通红。他看着我点了点头。是的，仇报了。

太阳落山了，这时撤离哈比布林是安全的。泰乌林扶着哈比布林站了起来，他俩相互搂着对方的肩膀，走出我们的掩体。路上遇见了师政治部的主任瓦西里·扎克哈罗维奇·特卡琴科，他与一组狙击手走进来。这些狙击手和政治干部没有给行李搬运工让路的习惯。

"靠边。"泰乌林对狙击手说，"这里能不能有一点尊重？来自乌拉尔山的泰乌林和来自巴什喀尔的哈比布林要先走！"

决斗

有一天晚上，我们的侦察兵俘虏了一个德国兵，用土豆袋罩住他的头，把他拖了回来。那个德国俘虏在接受审讯时说，纳粹国防军指挥层非常关切俄国狙击手带来的破坏，于是派遣柏林附近的国防军狙击手学校的校长科宁斯少校飞来斯大林格勒战场，执行一项紧急任务，按照那个德国俘虏原话，这项任务就是干掉俄国狙击手中那只"最大的兔子"。

我们师长巴丘克看上去很高兴。"对我们狙击手小组里的男孩来说，消灭一个少校简直就跟玩儿童游戏一样。"他开玩笑地说，"他们应该派德国元首来。把那只大鸟打下来应该更有趣。嗯，扎伊采夫，你说是不是？"

"对，师长同志。"我回答。

然而，我此时处于焦虑之中。我感到疲惫，疲惫到骨头里，疲惫是狙击手的大敌，疲惫的狙击手变得匆忙，警惕性也不高了，本该射击时却犹豫不定，对自己丧失信心。

同时，我也在测算我的生存机会，即我能活下来的概率。我平均每天要杀死4到5名德国人，这个规律从我来到斯大林格勒就一直如此。每天，我都看见我的苏联士兵兄弟被杀。时间过去了一天又一天，我没有被击中，我一直认为这是运气在起作用，我相信运气不会永远留在我这里。

当我刚到斯大林格勒的时候，一名前线士兵的平均生存期是24小时。此后，我们极大地改善了这个统计数字。部分原因是我们狙击手的成功和努力，我为此感到骄傲。但是，有关我的新闻引起敌人的注意，现在一名德国少校受命来把我从地图上抹掉。当巴丘克师长说话的时候，我认同他的观点，一名德国少校对我来说是小菜一碟。但是，即使我这么说，我内心却想着另一件事，科宁斯少校应该是一个狡猾的狐狸。德国人并不是容易被击败的，更何况一个狙击手学校的校长，科宁斯先生肯定是德国国防军神枪手中最好的。就在我在脑海里琢磨这些念头的时候，我听到师长说："所以，你现在必须消灭这个超级狙击手。一定要小心，用你的智慧。"

*

我已经学会了如何识别德国狙击手的特征，方法就是看他们射击的特点，他们的伪装技术也各有不同。我能分辨出有经验的狙击手和新手的差别，我还能分辨出胆小的狙击手与意志坚强有耐力的狙击手之间的不同。然而，在很长一段时间里，我感到很难识别这位超级狙击手的特征。我日常的观察不能提供有用的线索，我甚至无法确定他在战场上的哪一个部分。他应该是不断变化自己的位置，小心翼翼地寻找我，就如同我在小心翼翼地寻找他一样。

我利用自己的经验和同志们的经验做基础，建立起一个慎重的行动计划。如果我不能谋求到其他同志们支持——譬如：普通的步枪手、机关枪手、工兵、信号兵，我成功的希望就会变得渺茫。我必须建立一个从这座城市的不同部分收集情报的情报员网。

比如，在我发现一个敌人狙击手并确定了他的位置后，我会点名要一个机关枪手帮助我。我给他一个炮兵潜望镜，指引他观察最有特点的景物。然后，从这开始，我引导他用潜望镜从一个参考点观察到另一个参考点。如果他在看到了德国狙击手之后，还能识别出狡猾的敌人狙击手是如何做伪装的，那么这名机关枪手就成为我的助手。

像这样的一个演示活动需要一个小时，有时甚至两个小时。有一些狙击手责备我说："普通士兵不需要这样的演示，如果你需要助手，连长就会派给你一个。连长只需说一句话，没有士兵会拒绝你的要求。"

这样说也许是对的。但是，我偏向于同战壕里的普通士兵交流，他们知道战壕里发生的事。如果我与这些普通士兵相互理解，我们的思维就能统一起来，我就能获得我需要的情报。

此外，通过观察我们的狙击手如何在安置诱骗位置和人形靶的过程，我能获得评判他们的机会。有些狙击手很勇敢、积极，但难以成为好的帮手。由于他们太情绪化了，所以致使实际战斗能力波动太大。在与另一个狙击手的长时间对决中，你不能依靠这样的士兵。只要危险刚刚轻拂而过，他就有可能突然想起其他地方还有一件更重要的事必须去做。实际上，他的勇气很快就消耗光了。没有经验的狙击手经常表现出这种特征。

分析与你合作的士兵的特征是一个困难工作，但解读敌人狙击手的特征要更困难一些。对我来说，只有一个特征是他们共有的，那就是他们的韧性。但是，我有办法对付它。首先，你要准备一个非常好的人形靶，然后选一个特殊位置把它放好。然后，随着时间推移，你要不断移动它的位置。虽然人形靶不是人，但必须像人，它需要不断换姿势。其次，你要为自己选好一个位置，伪装一定要是最好的。敌人狙击手会向人形靶射击，但人形靶绝不会死。于是敌人狙击手便会不断射击，这时他的韧性开始背弃他。他会射第二次，第三次，此时，你就可以观察到他。

有经验的纳粹狙击手进入射击位置时，总是要求有机关枪做掩护，还有2名到3名助手。此后，他们将独立工作。面对着这种孤独的狼，我一般把自己假装成一个新手，或者普通的步枪手。我会使对手松懈警惕性，或者陪他玩一会。我会安置一个圈套吸引他的火力。过了一会，这个纳粹会感觉到这个目标习以为常，不再注意。一旦他开始分心，我就借机占据那个圈套的位置。大约只需要几秒钟的时间，我就能在这个位置上用交叉瞄准线对准敌人的脑袋。

我把定位敌人狙击手的过程分为两个阶段。第一个阶段开始于研究敌人的防御特点。接着，我要知道我们的士兵是在何时、何地、何种条件下被杀死或负伤的。战地医生能给我许多帮助，他们会告诉我受害者是在什么地方找到的。我会去看一看提及的地方，收集所有细节寻找敌人的线索。获得这些信息后，我会画一张图，表明敌人狙击手可能的位置。这些活动构成了第一阶段——确定在何处寻找我的目标。

第二个阶段，我称之为实际搜索阶段。为了避免陷入敌人的注意力之下，我总是用战壕潜望镜进行侦察和监视。狙击步枪上的瞄准镜和双筒望远镜都不能满足我的需要。经验告诉我，如果有一个地方先出现搅乱人心的活动，然后陷入死一般的寂静，这地方很可能有一个狡猾的狙击手。这就是为什么我告诉我的狙击手同事：如果你不研究你的环境，如果你不向阵地上的人问情况，你肯定会有麻烦。对一个狙击手来说，有一句非常合适的老话可以作为忠告：动刀前必须先用尺子量七次。一名狙击手，如果他想用一颗子弹就消灭敌人，他就必须刻苦工作，此外还要有一定创造力，他需要认真研究敌人的特征和优势，发现敌人的劣势。

你只有在战场上运用这些侦察技术，才能找到你想要的目标。获取这些技术并不简单。狙击手每次出发上岗时，要对自己的位置进行全面的伪装——不会伪装自己就侦察的人，他根本不是狙击手。他仅仅是一个被别人当作目标的鸭子，等着敌人把他干掉。

在前线，你要把自己彻底地隐蔽起来。要像一块石头一样躺在那进行观察。要研究地形，给标志性地貌画一幅简图。记住——如果你动作不小心，暴露了自己，付出代价的是你自己，一颗子弹就会射入你的头颅。这就是狙击手的生活。所以，我培训狙击手的时候，最强调的技术就是随时隐蔽，在所处的位置永远伪装。

每个狙击手都有自己战术、技巧，维护着自己的观念，保持着自己的巧妙能力。但是，无论他是新手或是老手，他必须永远记住，自己对面有一个成熟、有胆量、聪明、准确的枪手。你必须智胜他，让他陷入难以理解的战场环境之中，用这种办法限制他的自由，最后用一颗子弹解决他。你如何才能实现这个目标呢？你必须让他分心，分散他的注意力，改变你的踪迹，用牵制的动作激怒他，把他集中精力的能力消耗光。

我认为建立狙击手集中基地是一个坏主意，即使是在像斯大林格勒防御战这样的长期战役中，也不应该采取这样的坏主意。狙击手就像是一个游牧猎人，他的工作就是去敌人意想不到的地方。他必须经过斗争才能占据对敌人的优势——如果他没有信心能用一颗子弹以迅速、果断的方式干掉对手，即使了解了敌人的秘密，也无济于事。

有一次，狙击手尼古拉·库利科夫和卡里扬·阿布扎洛夫在冷冻库附近进行防御，他俩几乎消失了一整天。他俩躲在铁路附近的一段战壕中，花费一整天观察敌人的活动，但没有放一枪，也没有做任何能暴露他们位置的事。太阳落山后，在天最黑的时候，他们用一根绳子把罐头盒系在一起，带到阵地前的无人区，他们手里拿着绳子的另一端。

太阳升起后，他俩用力拉动绳索，罐头盒在敌人的鼻子底下发出嘎嘎声。纳粹开始到处寻找。一个头伸了出来，接着又是一个，库利科夫和阿布扎洛夫立刻干掉这两敌人。在接下来的半个小时里，他俩用这个诡计又干掉了几个敌人。到夜幕降临的时候，他俩消灭了整整一个班的纳粹。

有一段时间，战场较平静，我在前线遇到了另两个狙击手，阿菲诺格诺夫和谢尔比那，他俩经常不严格按照我的方式行动。阿菲诺格诺夫摘下了钢盔，他的红头发在铅灰色的战壕里格外显眼。

我们相互问候，离开路径，在一块石头上坐下，点燃香烟。我问他们去哪里，他们说是要回连队。"纳粹已经进入地下。"谢尔比那说。他的脸上像往常那样张贴着咧着嘴白痴般的笑容。"我们找不到他们，"他继续说，"所以我们去休息一下。"

我对他俩很生气。"你们现在离开是愚蠢的，"我告诉他们，"这时正好是放几枪试探一下的时间，借以修正你们的目标。"

他俩同意跟着我，我带他俩来到我们的射击场。沿路上，我发现他俩从来没有开枪试探过潜在的目标，他俩觉得这没有必要。他俩只是在废墟里前前后后地乱走，向能看见的敌人开枪。结果很少能打中目标；除此之外，还能有其他结果吗？你无法立刻确定目标的距离，你没有提前收集对你有帮助的信息，目标露面的时间最多只有几秒钟，难怪你打不中目标。你必须提前准备几个射击位置，研究面前的地形，选择几个地标景物，准确计算它们的距离。那么，即使战场较平静，你也能成功。

我们进入工厂的住宅区，走入一栋被炸毁的建筑，这里是我们的集合点。我向他俩讲解了敌人碉堡的位置、机关枪隐匿点、观察哨、防御网。我说："你们看，如果狙击手写好笔记，他不必记忆许多敌人的防御情况。当他进入射击位置时，他可以翻开笔记本，找到适当的图表，检查周围任何可能的变化，然后等待机会到来。如果你是一个有充分准备的狙击手，目标只需露面几分之一秒，你就可以抓住机会。他在你视线里出现，你瞄准，然后开火。"

此时是下午1点钟。"德国人现在正在吃饭，"我对他俩说，"他们很准时。"我从那个小战壕的壁上拔出一块胶合板，上面有一幅射击示意图。时间长了，有几个数字被磨掉了。我拿出一小截铅笔重新描了变得模糊的数字。我估计距离、风速，准备好射击，开始等待。我的同事用潜望镜观察敌人的运动。我们静静地观察敌人的运动足有一个小时。那两位年轻同志的兴奋和兴趣开始衰落；他们对长时间只做一件事感到乏味。他们一定是想移动到新位置上去，这样他们就可以与密友们闲荡，我看到他俩开始交头接耳。

"请保持沉默，"我斥责他们，"埋伏的时候不要说话。"

我的朋友安静下来。几分钟后，德军战壕中出现一个人头。我立刻射击。那个纳粹的钢盔飞出了战壕的土堤。一切又安静下来，那钢盔躺在土堤的顶上。战壕内，每隔几秒钟就有铁铲突然出现——战壕里剩下的德国人正在把战壕挖深。

*

我是狙击手，杀了不少纳粹。有的时候，我甚至在潜望镜里看到过老相识。我很有兴趣观察敌人的举动。你看到一个纳粹军官走出掩体，行为傲慢，表现得很有权势，命令他的士兵做各种各样的事，维持着权威的样子。他的追随者服从他的意志、欲望、任性。不过，这位军官一点都没有感觉到自己的生命只有几秒钟了。

我能看到他漂亮的嘴唇、整齐的牙齿、宽大突出的下巴、丰满的鼻子。我有时好像感觉到用手抓住了一条蛇：它扭动着，但我的手捏得紧紧的，这时，我的枪响了。在我把手指移开扳机前，那只蛇在死前的剧痛中抖动着。

*

我们师的狙击手建立了一项制度，每天晚上都聚集到一个防空壕内，详尽地讨论一天的战果，提出建议，通知大家是否发现敌人的战术发生了改变。

有一次，我们做了一些计算：一名狙击手只需要10秒钟瞄准，就能准确命中。因此，一分钟内，他有可能最少打5枪。装弹需要20秒至30秒。于是你可以计算出，在1分钟内，10个狙击手有能力杀伤50个敌人。

萨沙·科伦泰耶夫是新来斯大林格勒参战的，他是我们中最有才华的狙击手。我们给予他最高等级的尊重，因为我们知道他毕业于莫斯科的狙击手学校，他对狙击步枪和潜望镜的使用规则也有深刻的理解。有一次，他打开背包，扔出一些子弹、一个手榴弹、一块脏抹布，接着又拉出一个小皮革文件夹。他打开文件夹，大声阅读了其中的一段，我立刻把这一段抄录在自己的笔记本上：

迈向神枪手之路，就如同陡峭的万丈深渊边缘上的崎岖山路。狙击手每次进入一场决斗，总是有一种站在一块突出的岩石尖上的感觉。为了保护自己不坠入下面的深渊，他必须具备一个良好的狙击手需要的几种要素：勇气、技术和细心。那个首先征服自己的狙击手，将是决斗的胜利者。

因此，我们回顾过去的狙击经历，理解其中的含义。我和同志们决心找到那个柏林来的超级狙击手，并与他决斗。这位超级狙击手至今略胜我们一筹，他的才华开始给我们造成损失。在一天的时间里，他打碎了莫罗佐夫步枪上的瞄准镜，打伤了赛金。莫罗佐夫、赛金都是有经验的狙击手，他们曾打赢过许多次复杂、险峻的决斗；事实上，他俩被击败的结果告诉我，他们的对手肯定是科宁斯，那个从柏林来的教授。

黎明，我带着尼古拉·库利科夫来到莫罗佐夫、赛金昨天坚守的位置上。我们眼前还是敌人的那个老防线，我们研究它已经有很长时间了。我们没有发现有什么异常，一天的时间就要过去了。突然，一个钢盔出现了，在战壕里缓慢移动。射击？不，这是一个圈套，钢盔的跳动显得很不自然。这钢盔应该是由助手拿着的，那个狙击手则在等着我开火暴露自己的位置。于是，我和库利科夫趴着没动，直到天黑。

"这个被诅咒的杂种躲在哪里？"库利科夫问道。我们此时正借着天黑做掩护离开狙击位置。

"这就是问题所在，"我说，"我们没有任何线索。"

"他在这里吗？"库利科夫说，"也许他已经早走了。"

我相信，像科宁斯这样技艺高超、耐力过人的狙击手，能在我们对面干等整整一周的时间，如果有必要，他甚至能做到一动不动。我们必须保持警惕。

第二天过去了，谁会先失去控制？谁能打败谁？

尼古拉·库利科夫，这位我可信赖的前线朋友，已经像我一样沉迷于这场决斗。他不再怀疑我们的目标就在眼前，而且他已经下定决心赢得面前的对峙。

那天晚上，掩体里有一封信等着我看，它来自符拉迪沃斯托克。我的海军同事写道："我们听说了你在伏尔加河畔的英雄战绩，我们为你的成绩骄傲……"

这封信让我感到不自然，我想打破前线公开念私信的传统。我的兄弟们写信说我取得了"英雄战绩"，但我这几天一直跟踪那个孤独的狙击手却毫无战果可言。这时，库利科夫、梅德韦杰夫开始嘟囔地说："太平洋舰队来信？！大声念！"我别无选择。

这不是一封简单的信。它好像把太平洋的波澜倾泻到我们的掩体中，带来了过去各种美好的回忆。梅德韦杰夫后来说："我们应该写回信，要立刻写。瓦夏，写信给他们，告诉他们，我们绝不会让他们失望。我们要保持海军的荣誉……"

从监视的第三天开始，指导员丹尼洛夫陪伴我和库利科夫来到狙击点。早晨像往常一样，黑暗慢慢消散，每一分钟，敌人的阵地变得更清晰一点。附近爆发战斗，炸弹在天空发出嘶嘶声，而我们则守在潜望镜前，跟踪我们对面的一切动静。

"他在那里！我能指给你们看……"突然，指导员大叫起来。丹尼洛夫把身体抬高，超出了战壕边缘，仅仅只有半秒的时间。可是，这点时间对我们的对手来说足够了，他开枪了。幸运的是，丹尼洛夫仅是被打伤了。

只有最高明的狙击手才能这样射击，以如此快的速度，以如此高的精度。我用潜望镜观察了那么多小时，竟然无法确定他的位置。这个德国人确实是伪装的大师。在这几天的时间里，我观察每一个新弹坑、新土堆。但是，我没有发现任何值得怀疑的迹象。我们的对手似乎从地球上消失了。不过，根据这一枪的迅捷程度，我判断这位柏林超级狙击手就在我们面前的某处。

我和库利科夫继续监视。我们的左边有一辆被炸毁的坦克，我们的右边有一个碉堡。他在坦克中吗？不，有经验的狙击手绝不会在那里设置狙击点。在碉堡中吗？不，他也不会躲在那里，碉堡的枪眼已经被封闭了。

在坦克和碉堡之间，纳粹阵地前有一块平坦的空地，上面躺着一块铁板，铁板旁边有一小堆碎砖。这堆砖从我们来到这个狙击点的时候，就待在那里了，我一直没有注意到这点。我把自己放在敌人的位置上思考：狙击手的最佳栖息所是什么？在那块铁板的底下挖一个小洞如何？晚上可以从铁板底下溜走……对，我意识到他就在那里，在那块铁板底下，躺在两军阵地中间的无人地带。

我决定核实一下我的直觉。我把手套放在一块小木板上，举了起来。他开枪了。纳粹咬我的饵了，啊哈，太好了。我小心地把木板拿下战壕，保持着我举起那块木板时的方向。我检查枪眼——近乎是完美的水平、溜圆，与木板有90度角度，子弹是从迎面射入木板的。

"太阴险了……"我听到库利科夫低声地说。现在，我们必须引诱他露面，即使是他头部一小部分也行。希望立刻做到这点并不易。但是，我们肯定他不会去别处；我们已经了解了他的战术，他不会放弃如此有价值的狙击点。

这是一个寒冷的夜晚。战斗平息下来，战士们都躲到避寒的地方去了，寒风在废墟之中嚎叫。

纳粹的火力无秩序地乱射。他们有几门迫击炮距离我们的伏尔加渡河点很近，所以能把炮弹像雨点一样射向到我们。我们的炮火予以回击，把德国人的迫击炮打哑，但敌人又派出轰炸机，就好像整个德国空军在接受检阅。我们躲藏起来，等待着天明。

太阳升起来后，库利科夫乱打了一枪，借以提起我们对手的兴趣。我们决定午前不采取行动，因为潜望镜的反光会暴露我们。

午饭后，我们的枪都处于阴影中，太阳光则落在我们对手的位置上。铁板的边缘处有什么东西在闪光——是一块玻璃，还是步枪的瞄准镜？

库利科夫取下钢盔，慢慢举起来，只有有经验的狙击手才能制造出这种不容易引起怀疑的假象。敌人开火了，库利科站起来，大叫着倒下了。

"苏联狙击手中这只最大的兔子，最后终于被我花费4天的时间杀死了！"那个德国教授也许在心里就是这么想的。他把头从铁板下面伸出来，我扣了一下扳机，那德国人的头跌落下去。他步枪上的瞄准镜躺在那里不动，仍然在那里反射着太阳光。

狩猎的紧张消失了。库利科夫背躺在战壕底部滚动着，发出歇斯底里般的大笑。

"快跑！"我对他大叫道。库利科夫恢复了理智。我们以最快的速度退回到后备位置上。几秒钟后，纳粹用大炮炸平了我们的狙击点。

天黑后，我们的部队向德军发动进攻，在战斗最激烈的时候，我和库利科夫把德国少校的尸体从铁板底下拖出，取走了他的步枪和文件，然后交给了我们师长巴丘克。

"我知道你们这些男孩能抓住这只柏林鸟，"巴秋克说，"不过，你，扎伊采夫同志，有一项新任务给你、明天，我们预期敌人将在另一个地区发动进攻。崔可夫将军已经下令组织最好的狙击手，集拢起来去挫败法西斯分子的进攻。你们狙击小组还有多少人？"

"13人。"

"刀枪不入的家伙！"巴丘克心里想。然后，他问："你们13个能不能抵挡100个敌人。能做到吗？"

"有可能。"我回答。

为苏联服务

绷带蒙着我的眼睛，包扎在我头部的纱布就如同皇冠一般，我什么都看不见。我无法说出我坠入这黑暗之中已经有多少个日日夜夜。一个有视觉的人，他从破晓中看到新的一天来临，在落日的时候向这一天告别。但是，对我来说，一切都是完全没有尽头的黑暗。如果你每天没有工作可做，只能数自己在医院病床度过了多少个白天、多少个黑夜——你会发现那是一种飞向深渊的感受。

我仍然有听觉和嗅觉，这帮助我感受周围世界，计算着消逝去的天、小时、分钟，我觉得这是一件值得感激的事。这个能力不是先天就有的，是你失明一段时间后为了适应生活才产生的。难怪盲人养成敏锐的能测量距离的听觉，就像人们常说的，盲人有一双能看东西的耳朵。我也有类似的经历。

从我在医院的第3周或第4周开始，我以真正的狙击手方式，能利用村边狗叫的回音查明它们的距离。我甚至想我能用声音来瞄准射击。当然，这是一个可笑的想法，但它说明我在这个阶段还没有理解失明也许能永远地把步枪从我手里夺走。

多种感知力帮助我猜测谁来的我的床前，是医生？临近房间里的朋友？医护人员新近洗过的白大褂散发出芳香，而战士的衣服有一股臭气，因为他们住在通风不好的列车车厢之中。

黑色——代表着知识的反面，是压迫的颜色，是暴力的颜色，是纳粹党所用的十字记号的颜色。有人看见希特勒的胡子实际上是红色，但永远被描绘成乌黑，希特勒这个恶棍喜欢这样的变更。他的旗子是黑色，他的脸上有黑色，最恶毒的生物永远依赖黑色。

这是被黑暗包裹着的我对黑暗的感受。黑暗剥夺了我为国家做最大贡献的机会——用眼睛发现和消灭敌人。但是，我不想承认黑暗的这种力量，也拒绝承认。我能记得那颗榴霰弹在我面前爆炸前所发生的一切。

我们师长巴丘克，命令我们狙击手小分队在阵地的右翼挫败敌人的进攻。我们的战术使德国人大吃一惊。由于我们预先知道敌人进攻的方向，我们决定瞄准敌人的指挥官和观察哨。我们有13支步枪、13双眼睛，利用潜望镜从多个有利地形处观察高处、低处。我们能控制敌人战役编队核心中最好的侦察点。

我们是在做一次集体狩猎，我们的目标是在敌人发动进攻之前，就对他们的连、营进行斩首式猎杀。我们的计划很简单：当德国军官出现在他们准备进攻的区域时，我们就分配给他们中的每一人一颗迎接他们的子弹。

对那些胆大不怕死敢接替指挥权的家伙，我们同样会杀死他们。如果敌人在某地取得突破，我们将把13支枪都对准那个方向，首先砍倒当官的。然后，如果你觉得谁应该受到教训不得逾越战线，立刻上前给予教训，让他们知道死亡正在那条线上等着他们。

简单地说，我们称为"集中狙击火力攻击"战术，使敌人的指挥出现盲点。从开始，我们就削减了敌人进攻的机会。

我们的计划在许多方面获得了成功。黎明，在德军发动进攻之前，纳粹指挥中心的上面，高性能的双眼望远镜在太阳光下闪亮。有几个德国军官的军帽上还有"贼鸥徽章"，我们甚至能辨认出他们军帽子上徽记的颜色。这些军官向我们这个方向瞭望，但他们没有意识到自己身后的阴暗背景正在逐渐变得明亮起来，他们身体的轮廓也越来越清晰。在德国军官发动进攻前，我已经射击完两个弹盒的子弹，尼古拉·库利科夫也打完了两个弹盒，维克托·梅德韦杰夫打完了三个弹盒，其余的狙击手也没有在睡觉。

不过，德军仍然发动了进攻。一个遥远的指挥中心里的法西斯分子军官，由于我们的子弹打不着他，他最终还是驱使敌人士兵走向死亡。我们的机关枪手、步枪手、炮兵已经瞄准了敌人可能进攻和撤退的所有道路，我们把敌人成片地扫倒。敌人就像牲口似的被宰杀，我们无情地打击敌人。

此时此刻，纳粹随时都有可能放弃进攻而后撤。我感到内心有一股想成为英雄的鲁莽冲动，于是冲上去想抓几个俘虏。我猜测这种冲动，其实就是一种恶魔般的战争狂热，这种狂热能使人丧失理智……

我从自己的隐蔽处跳跃起来，发射一颗黄色信号弹，指引我们的炮火向我们的地段轰击。然后，我冲向几个德国兵，我觉得他们似乎正在想放弃进攻。我跑到他们面前，挥舞着我的手，用手的姿势说："举手投降。"有几个德国人实际上举起手，站了起来，接着离开他们的岗位。就在这时，一个指挥6管火箭炮的德国"驴子"，在远处狂暴地发出射击命令。这个德国人下命令向自己人发射碎裂弹！其中一枚火箭向我急速飞来，我能看见它旋转着在空中飞行。谁能想到那个德国炮手会向自己的步兵开火！我不想给敌人看到我卧倒躲藏的满足。这一颗炮弹落在离我30米远的地方，弹起来一次，然后爆炸了！

炽热的空气夹杂着弹片冲击着我的脸，接着一片厚重像沼泽一样的黑暗掩盖住了我的眼睛。伴随着黑暗的袭来，一股刺人的疼痛钻入我的角膜，一阵烈火烧焦了我的头皮，接着是一阵残酷的作呕。

*

一周前，在我的后脑疼痛消失后，医生拿走了我眼睛上的绷带。但是，什么都看不见——黑暗还是像往常那样无法穿越。真可惜！我的医生尽了最大的努力。

与此同时，我们打赢了这次战役，成千上万的德国俘虏在医院外的街上缓慢走过。这就是斯大林格勒的胜利！我沉浸在笑声和泪水之中。我哭了，因为我无法逃脱我眼前的绝对黑暗。我笑了，因为我听到了四处涌向我耳朵的喜讯——从街道两端、从医院的其他病房、从窗户中。

"看，看，看他的脚——靴子是用稻草做的……"

"那个人头上是什么？！哈，哈！是马裤！"

"几个武士，嗯？……"

但是，对我来说，最有趣味的莫过于医院大墙外的一只公鸡。他好像站在一个大门口，每遇到一队新的德国俘虏，它就"咯咕咯"地叫一通。然后，它就挥动翅膀，好像在敬礼，最后以类似人的笑声结束。早晨结束已经有一会了，但它仍然平静不下来，啼叫后大笑，啼叫后大笑。我保证你从来没有见到过这种场面，即使在马戏团里也见不到！所以，我拒绝向黑暗投降。甚至谷仓前的动物也能帮助我看到斯大林格勒战役是如何结束的。

又过了一周。1943年2月10日，黄昏前，医生决定再次撤下我眼睛上的绷带。一名护士缓慢地放松敷裹，一圈又一圈，最后棉花护眼片从我眼睛上落了下来。我闭着眼皮，害怕再次发生上次出现的情况。

我按照医生的命令把手举过头。我感到背上的汗水正在向下流，这是恐惧的汗水：我变得懦弱，害怕面对命运……

"喂，快点，瓦夏，睁开眼睛！"医生命令道。

我按照医生的命令做了……我无法相信接下来发生的事，我能看见站在窗户前的人影了！一股解脱的感觉充满我的全身。我的视力恢复了！

但是，视力只是部分恢复。实际上，要想完全恢复，还需要很长时间。"你需要大量的治疗。"医生告诉我。

两天后，我被转移到斯大林格勒东面阿赫图巴河边的一所医疗站。他们介绍我去莫斯科，去看一看军队的眼科主治专家。同一天，我在师部停留了一下，我在那里听说，第62集团军司令官崔可夫发布命令，提升我为二等中尉。

*

我走路可以不需领路人，但经常被地上的东西绊脚；我必须把腿尽量抬高，小心翼翼地走。视力不好，到处都是危险。

我拼命想尽快到达莫斯科，早点获得治疗。在我离开前，我受邀去了一趟集团军政治部。政治部共青团主任列昂尼德·尼古拉耶夫少校知道了我的视力仍然不好，他自愿当我的陪同，但到了萨拉托夫之后他就必须返回了。

一辆从德国人手里缴获来的奔驰牌轿车，拉着我们在堆满积雪的破旧路上向萨拉托夫方向行驶。轿车的发动机喘息着、嚎叫着，但俄国令人失望的道路实在是太富于挑战性。我们把那辆奔驰车赠送给一个集体农场，然后坐雪橇走余下的路程。列昂尼德·尼古拉耶夫是第62集团军坚定的共青团领导，他用非常欢闹的方式表演令人喜欢的老歌《旋转的蓝色大地球》，这驱散了我胸中的阴郁。

列昂尼德表演了几个自己的变奏，拼凑出自己的希特勒小调、戈培尔小调等等。他的演唱一会是讽刺式的同情，一会变成尖锐的嘲笑，过了一会竟成为令人捧腹大笑的幽默，我被他的演唱感染了，无法不笑，无法不跟着他唱。

在我们到达萨拉托夫之后，列昂尼德·尼古拉耶夫在去莫斯科的火车上为我找了一个预留给军官的座位。他带着我来到座位上，然后他就不得不离开了。突然，我感到孤独，因为我的视力不好使我处于封闭状态。附近没有我认识的人。我猜测车厢里的其他人一定把我当做同情的对象。

乡镇、村落、车站在窗外掠过。但是，我眼睛中只有阴暗、灰蒙蒙的一片。我能偷听到附近军人的谈话，他们都在谈论斯大林格勒战役的重要意义，发表自己对未来战争前景的看法，但我脑袋里只有一个折磨人的念头：我的视力真的永远无法恢复吗？

在莫斯科，我被带到人民委员会下属的综合医院，我进了一个屋子又一个屋子，折腾了很长时间。最后，主任外科师宣称一个令人振奋的结论："如果你再多做一些治疗，视力能恢复。"

听到这个结论，我无法表达我的高兴。我的视力每一天都有好转——实际上，过了一段时间后，我的视觉已经正常。

在红军日的前夕，我离开了医院。我穿着那件褴褛的旧大衣，肩上背着背包。我走进红军中央大厦旅馆，拿出自己的证件，上面有具有震撼力的崔可夫将军的签字，这帮助我在军官宿舍里找到一个床位。

第二天早晨，我们在宿舍里打开收音机听新闻。广播员开始阅读最高苏维埃常务委员会公告，颁布苏联英雄获奖人名单。我好像听到了念我的姓，并未予以注意，因为我想世上有百万个扎伊采夫。

屋里有人开玩笑道："我希望这间屋里没有人上榜。否则，我们大家就需要掏空腰包给他买酒喝！"

我的口袋是空的，这就像往常一样。你可以把它翻过来看，里面的唯一物品是我的军官证。我无法用军官证去领钱，因为我还没有填军官职位收入表，我甚至不知道我的军官职位是什么。

我对部队办事员非常不满，对师部的工薪出纳员也非常不满。他们怎么会把我送到莫斯科却不给我钱？而且给我的证书也不完整。我曾是会计，知道这种行为很不专业。我厌倦了这种生活，我计划第二天提出要求返回我的原单位。

我想去中央政治委员会的共青团局见一见伊凡·马克西莫维奇·维德尤科夫。尼古拉耶夫少校在火车站与我分手前，曾建议我去见一见维德尤科夫。

我到达了委员会的接待台，花费了最后一点力气才挤到值班的职员面前，给他看了我的通行证，请他让我去共青团局。

"在这里等候，过一会有人叫你。"那个职员回答。

大约20分钟过去了，一名军士从管理中心的窗户伸出头来。他缓慢地扫描屋里的人，面带一种奇怪的好奇。他目光扫过面前站着的上校、少校、中校。最后，他没有发现他要找的人。他高声叫道："二级中尉瓦西里·格里戈里耶维奇·扎伊采夫在屋里吗？"

我没有听清他说的。此时，整个屋子里静悄悄的，每个人都向我这个方向看。就在这个时候，一个活力旺盛、兴奋非常的年轻妇女从共青团局走出来，跑到我在的屋里，高声呼叫道："瓦西里·格里戈里耶维奇！我刚从维德尤科夫办公室来。我的名字叫诺娜……我要祝贺你！"

她的话让我发愣。"为什么？"我问。我不喜欢所有人都盯着我，因为我的样子令人感到尴尬，我还穿着在前线时候的破烂衣服。

"你是说你真的没有听见？今天，他们授予你苏联英雄的称号！太美妙了！我是第一个向你祝贺的人！"她拥抱了我，亲了我，低声在我耳朵边说："记着我的祝福，子弹再也打不着你，榴弹再也不能把你炸伤。"

旅政委伊万·马克西莫维奇·维德尤科夫，曾经与我一起在斯大林格勒奋战，他像亲兄弟一样祝贺我。

"喂，坚持住，瓦西里！从现在起，你要经受住另一种进攻——首先是共青团干部，接着是报社记者！"

*

旅政委是正确的。如果不是斯卡登科将军，我肯定会被拉去参加无数次的集会或会议。斯卡登科将军先呼吁道："二级中尉瓦西里正在……准备把斯大林格勒狙击手作战经验写成报告。"我将在哪里提交这份报告，向谁提交，没有人曾告诉我。

我回到自己的房间，在我还没来得及想一下应该报告些什么，笔记本还没有打开的时候，一位穿着火辣的年轻妇女走进来。我不习惯见到如此时髦的服装。

"你是扎伊采夫吗？"她问。

对我来说，大家都感到兴奋的那个"扎伊采夫"并不是真实的我。我回答道："我看你是来请我去参加晚餐会的吧？"

"不，"她说，"不完全是。明茨教授邀请你加入伟大爱国战争经验学院。"

我首先想到，这可能就是斯卡登科将军呼吁的原因，我需要向明茨教授提交报告。但是，我能向教授提交什么样有用的报告呢？在我们一道去学院的路上，我问年轻妇女道："你肯定教授没有搞错？我只是一个普通士兵。"

"前任士兵，"她纠正我，然后停顿了一下，提醒我道："你还是斯大林格勒的英雄……"

我们进入学院总监的办公室，我行了一个军人的立正礼，然后按照军人标准说："接到教授同志的命令，二级中尉瓦西里·格里戈里耶维奇·扎伊采夫前来报到！"

办公室里坐着不是一个人，而是两个人。一个身体虚弱，戴着夹鼻眼镜，另一个样子很结实，面色很黑。我如何知道谁是明茨教授呢？人的名字毕竟没有写在脑门上。

他俩在一个茶几边喝茶，看到我，他俩站了起来。我仍然保持着立正姿势，静止不动，迷惑得不知说什么好。那个戴夹鼻眼镜的人，叫我的名字，邀请我来的茶几边，并对我说："我们正在喝茶，莫斯科风格的。"

我的茶杯的茶托上放着3块糖。我的嗓子干极了，没有等到他们邀请我喝，我就开始大口吞咽茶水，就好像是我怕他们开始询问我的报告之前不能湿润完嗓子似的。我刚喝完一杯，他们就再给我倒上下一杯。我意识到他们并不急。我喝完第二杯，把一块糖放在嘴里含着，谈话就此开始了。喝茶使我放松了紧张情绪，我回答了他们的问题，告诉他们我的同志们的故事。我说话的时候没有借助我的笔记本，那上面记录着我为写报告用心罗列出的许多要点。

一个小时过去了，又是一个小时，我开始猜测为什么他俩要花费这么长的时间听我的报告。最后，这两个学者宣称我的话有"科学价值"，他们"批准进一步研究"。我当时感到震惊。我的漫谈能有什么科学价值？我还没有来得及告诉他们我报告中任何一个要点。

好像是理解了我的迷惑，其中的一个叫彼得·尼古拉耶维奇·普罗佩沃的报社编辑对我说："谈话很有趣。这不是最后一次与我们谈话，所以请放松……"

*

那天晚上，我被告知我获准加入高级军官步枪培训项目，也获得几种不同的军官津贴。第二天，我收到两个月的工资，我的经济问题解决了。现在，我可以像他们说的那样有风度地进入城市，抹点古龙香水，或者可以远足去一趟戏院。但是，普罗佩沃的一席话却一直激励着我："这不是最后一次与我们谈话……"

没有过多久，我来到总参谋部的办公室。在这里，我遇到三位著名的狙击手：弗拉基米尔·普切林采夫、柳德米拉·帕夫柳琴科、格里高利·戈尔利克。斯卡登科将军允许我们相聚在一起，我们立刻交换起经验故事来。我们十分投入，竟然没有注意到天黑了。凌晨3点钟，被斯卡登科将军称为俄国第一位狙击手的莫罗佐夫中将，试着做出了一些结论，此时我们的会议才算结束。莫罗佐夫将军对我的狙击手集体作战很感兴趣，但他认为这个战法需要进行较深入的探讨。所以，我们决定明天继续进行讨论。

斯卡登科将军使我感到奇怪，他的日程异常紧张，却愿意再花费半天的时间与一些战壕狙击手在一起。

第二天，我们仔细检查我们的结论。斯卡登科将军说，我们已经帮助他对《步兵野战手册》第39章第1部分做出了更好的陈述，最高苏维埃对此很感兴趣。

"你们快去放松一下，"他说，"我不会太偏离目标的。"

在总参谋部的大餐厅，伊万·马克西莫维奇·维德尤科夫找到我。"我给你一个新任务，瓦西里。"他微笑着宣布，"立刻去军需部，他们会给你一套合身的制服。如果有一根针线没有给你配齐，绝对不要让裁缝走开！"

军队的主裁缝正在等我。两小时后，我几乎认不出我在自己。我身上的一切都是新的——外衣、裤子、小牛皮靴子、大衣。

"我们已经把你打扮成一个将军了！"裁缝看着镜子中的我大叫道。我裤子上确实有将军的条纹，我们被迫把将军条纹撕下。

第二天早晨，一辆华丽的吉斯轿车开到我们旅馆大门口。我和普切林采夫、戈尔利克乘车去克里姆林宫。我们通过红场救主塔楼的检查站，几分钟后，我们进入一间宽敞的大办公室内。将军们靠着屋子两边的墙坐着，一个长长的桌子放在屋子的中间。

我们在桌子的一端停下脚步，克莱蒙特·叶夫莫维奇·伏罗希洛夫走进来。他与我们中的每一位握手，欢迎我们到来，引导我们坐在带扶手的椅子上，他自己坐在桌子的另一端。

"同志们，我们开始。"他看了看斯卡登科将军，然后说道。斯卡登科将军向普切林采夫点了点头，意思是在说："由你开始。"

狙击手普切林采夫是一个大胆的人，开始表述自己的观点，说得效率很高，也很流利。伏罗希洛夫一边听，一边在笔记本上记录，因为他的意见将会进入提交给斯大林同志的版本之中，这个版本也包括我们提交给总

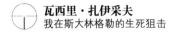

参谋部的表述。

接着是戈尔利克站起来发言，再接下来就是我。我的讲演好像持续了3分钟。实际上，我讲了比3分钟要长得多。生活里的幸福从来不会长过一小时，往往比一分钟还要短。我是幸福的人中的一个。因为我观察到的狙击手在战争中的作用并没有被人们忽视，而且谈话的文稿还要提交给斯大林同志本人。我对一个普通士兵能与最高领袖相互理解这一事实感到骄傲。

我讲演完毕后，米哈伊尔·伊万诺维奇·加里宁把一枚苏联英雄金星勋章放在我的手掌中。

"扎伊采夫同志，"他说，"我祝贺你！"

"我为苏联服务！"我回答。

我的一个同志帮助我把金星勋章和列宁勋章佩戴在我胸前。我在几分钟内都害怕得不敢喘气，耳朵因兴奋而嗡嗡作响，那声音就好像是斯大林格勒搏斗的回响。那是一场伟大的战役，我们宁死而战，为了这场战役的胜利，我们必须忘记伏尔加河对岸仍然还有退路。

我没有记住米哈伊尔·伊万诺维奇·加里宁所说的每一个词，但我记住了他在分别时刻留给我的人生期望："用真正爱国者的心热爱自己的祖国，在战斗中无畏地为祖国而战。"

附录

编者按： 这篇有关扎伊采夫在斯大林格勒的战斗经历于1943年发表。这篇文章的内容取自扎伊采夫1942年给红军记者的叙述，此后不久，他就负伤了。

在伟大爱国战争中消灭德国侵略者的苏联英雄

瓦西里·格里戈里耶维奇·扎伊采夫

狙击手的故事

苏联国防人民委员会军事出版社

1943年

我出生在乌拉尔山脉，我的童年在森林里度过，所以我爱森林，从来不会在其中迷路，即使是陌生的森林我也不会。我在森林之中学会优秀的射击技能，我会猎杀野兔、松鼠、狐狸、狼、野山羊。我父亲也是一名生活在森林里的人。我们常全家一起去打猎——父亲、母亲、我的两个兄弟，有时我的妹妹也跟着我们一道去。现在，我的母亲年事已高，戴着眼镜，但是，如果她发现一只栖息在白桦树上的黑松鸡，她肯定能把它打下

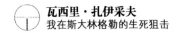

来，拔了它的毛，然后把它煮了。

我们只有一个小妹妹，我和弟弟决定给她做一件松鼠皮外衣。我那时只有12岁，我弟弟年龄更小，是我爷爷教给我如何打松鼠的。打松鼠是一门艺术：只能用一粒弹丸打一只松鼠；如果弹丸多了，就会把松鼠的皮毛打坏，变成乱七八糟的一团。我们打了200只松鼠，为我们的小妹妹做了一件皮外衣。

1929年，我14岁，我父母加入集体农庄，我们移居到埃伦印斯基定居点，它在车里雅宾斯克地区的阿伽珀斯基地区。我在那里进入学校，那时正好是冬天，同学都是十几岁的孩子。夏天，我照看家养牲畜。

我想多学一些知识。在我照看牲畜的时候，我用长绳把马系住，然后躺在矮树丛阅读学校的书籍。第二个冬天，我去一所技术学校学习。那时，我无法做自己的选择。如果有可能，我一定要选择自己喜欢的，我很想当飞行员。但是，我实际去了建筑技工学校。这就是实际发生的事。在技工学校，我加入了共青团。我努力学习，考试分数优秀，每门功课都获得奖励。

在技工学校期间，我们盖起了马格尼托哥尔斯克的第一座和第二座鼓风炉。我开始时做助理，后来成为技术员。在做建筑工程中，我喜欢上了会计工作，于是我参加了会计培训教程。刚学完这门教程后，我就被送到克孜勒镇，我在镇上的消费者中心做了3年的会计。这个工作我喜欢：安静、独立，工作要求敏捷的思路，精细。更重要的是，这个工作帮助我积累了很好的生活经历。

1936年，克孜勒镇理事会的地区执行委员会主席团任命我为高级保险检查员，我干这个工作一直到我参军。

作为一名共青团招募的军人，我被送到驻扎在符拉迪沃斯托克的太平洋舰队。这是一座奇特的城市，最初，我对它的印象很坏。我觉得它与我们乌拉尔山脉的城镇不一样，比如，它不同于斯维尔德洛夫斯克、车里雅宾斯克甚至是沙凯德润斯克。但是，在住了一段时间后，我开始喜欢这座城市。战争结束后，我一定要申请被派遣去远东。我会很高兴地把我的余生为之服务，我喜欢那个地区：自然风光很有趣，有许多森林。

在远东，我修完军区经济学校，并获得荣誉，在太平洋舰队里做了好几个经济工作职位，一直做到1942年。

当德国人开始接近伏尔加河的时候，一组共青团员水兵向海军委员会提出请求，要求去保卫斯大林格勒。这个主动要求被我服役的基地领导批准了。他年轻时曾在斯大林格勒工作过，他当时在渔业人民委员会工作，他永远记得伏尔加，就像我永远记得乌拉尔山脉一样。我们这些共青团员的请求受到支持，很快组织起来，向西开进。9月6日，我们来到乌拉尔山脉附近的一座城镇，这地方离我的家乡很近。那一天，我加入了巴丘克将军指挥下的步兵师。第二天，我们换了一列运兵列车，向斯大林格勒前进，绕开了乌拉尔山脉。

我们在旅途中学习，我记得我们学习了机关枪。上铺放着一挺机关枪，一名机关枪手坐在我旁边，他教我机关枪的知识。

在列车上，我被任命为财务排长。我刚从一个财务工作岗位又换到另一个财务工作岗位！我想：人们在战斗，我也想战斗，真正地战斗。所以我请求加入一个步枪连。

我们于9月21日到达斯大林格勒，整座城市都燃烧着大火。空战从早晨一直打到晚上，飞机一架接着一架地被打中起火，坠落向地面。在伏尔加河边，我们看到到处是升起的火舌，最后又都合并入一个大火球之中。我们看到受伤的士兵在徒步走，在地上爬——他们要被转移到伏尔加河对岸去。这一番景象使我们这些从后方来的人感到压抑。我们清洗武器，固定刺刀，等待命令，我们此时已经百分之百准备好了。

9月22日，我们带着弹药，爬到伏尔加河边，渡过了河到了对岸。我们带着迫击炮和机关枪。我们在伏尔加河左岸设置了阵地。

那时，德国人占据着城市，他们发现了我们，开始用重型迫击炮轰击我们。这地方有12座储油罐。突然，60架敌人的飞机向我们扑来进行轰炸。储油罐爆炸了，我们身上都飞溅上了汽油。我们跳入伏尔加河，把烧着的衣服放进水里。我们中的许多人只剩下海军的衬衣，有些人裸体，但这无关紧要——我们用防水油布包裹身体，拿起步枪，开始发动进攻。我们把德国人从电缆厂和肉食加工厂赶走，并守住了阵地。后来，德国人再次发动进攻，我们打退了他们所有的进攻。

初战告捷后，营长让我当他的副官。在多尔吉河岸谷地附近，我们的一支部队开始动摇，败退下来。营长命令我去阻止后撤的部队，重组阵地。我完成了任务。这支部队后来发动进攻，击退德国人，拖延了德军的进攻。战斗结束后，我获得"勇敢勋章"。

10月，我生命中较为重要的一件事发生了：我从共青团员被批准为共产党员。

那时，我们处于极度困难的境地。德国人包围了我们，他们把我们挤压向伏尔加河边，并用炮火轰击我们。每天有几百架飞机围着我们轰炸。在这种情况下，许多人认为没有生存的希望。但是，我们不谈论这件事。我们恨德国人，没有合适的词汇描绘他们是什么样的邪恶坏蛋。

有一天，我们看见几个年轻妇女和孩子在花园里被套索吊死。还有一天，我们看见几个德国人从街上拖走一个年轻妇女，一个小孩跟在她后面哭道："妈妈，他们要带你去哪里？"我们当时距离现场不远，那妇女大声叫喊："哥哥，帮帮我，救我！"但是，我们正在埋伏，不能被暴露。想起这些事让我十分痛苦……

每个战士除了想如何杀死更多的敌人外，其他的都不能想。尽管我们一天到晚都吃不到东西，几天不能睡一觉，但不觉得虚弱。我们不想睡觉，我们的精神总是紧张的。

我在获得奖励时说："对我们来说，伏尔加河岸没有退路，我们的阵地就在这里，我们要保卫它。"这是我们共青团的同志们让我告诉斯大林同志的。

10月5日，我们与营长科托夫上尉一起走近一个窗户。我们看见一个德国人在远处飞奔……上尉说："杀死他！"我肩扛起步枪射击，那个德国人倒下了，他离我们有600米远，我用普通步枪杀死了他。同志们的兴趣来了。我们看见另一个德国人正在向被我刚杀死的那个德国人跑来。同志们大叫道："扎伊采夫，扎伊采夫，又来了一个，杀死他。"我再次提起步枪射击，另一个德国人倒地。所有人都看着我，露出羡慕的眼光。我的兴致也起来了。我靠着窗户向外看，又有一个德国人正爬向那两个被我刚杀死的德国人，我把这个人也杀死了。

两天后，上级指挥官梅捷列夫少校让营长科托夫上尉带给我一支有瞄准镜的狙击步枪，枪托上有我的名字，步枪2826号。科托夫把步枪交我说："你会成为一名好狙击手。学会如何使用这支步枪，然后教会其他人。"

从此，我开始学习用狙击步枪射击。博利沙波夫一级中尉，是我们共青团成员之一，他给予我很大的帮助。他与我并肩战斗，一起在战壕里战斗和生活。

狙击手科里特耶夫也教我如何做狙击手。我跟着他战斗了3天，近距离观察他的行动,看他如何使用狙击步枪。然后,我设立了自己的监视点。一开始,我的射击准确度不高:虽然我是一个性格平静的人,但我仍然感到匆忙、担忧。

在街上40或50米远的地方与敌人战斗,完全不同于远距离与敌人战斗。我曾经学到过的某些狙击手的技术过时了。然而,德国人很快知道了我。

我每天能杀死4至5个德国人。后来,我开始挑选狙击手学员。第一批学员,我挑选了5至6人。我在工厂的锻铁炉设立一个射击场,教学员射击技能。他们在通风道里学习枪械知识,清洗武器,交流一天的战斗经验,那里比较安全一些。

很快,我就有了30个学员,他们中的大多数是共青团员。我亲手挑选学员,与他们做朋友,把我有的与他们分享,比如饼干和烟草。如果人们看到你敞开心扉对待他们,他们便与你产生友爱,记住你所说的每一个字。他们知道我不会在危险时刻抛弃他们,我也希望他们不抛弃我。

我是共青团的干部,我总是先查看共青团员的档案,然后再去狙击手小组。

当我相信有学员已经能掌握步枪,我就带着他们去监视点。狙击手需要习惯于在战场学习射击,他们必须熟悉每一处的矮树丛——矮树生长的样子,树丛底下地面的情况,附近有多少石头,德国人瞄准了哪一条战壕,哪一条没有被瞄准。如果狙击手已经以如此的方式了解了敌人和我们自己的防御情况,他就不会被敌人打败。

每天晚上,我把狙击手召集在一起,让他们分享各种意见。如果狙击手们用这种办法在每次从监视点回来后进行交流,他们在1小时内获得的知识比在和平时期1个月里获得的还要多。

例如,共青团员洛马科,有一天从狙击点回来后晚上说:"我今天错过了3个德国人，三次射击的距离一样，一枪都没有打中。"

我对这个例子感兴趣，于是在第二天与洛马科一道来到他的狙击点，地点在工厂的烟囱上，高度约有10米。一个德国人正好从地下走过，我开枪了，但他继续平静地走，甚至都没有加快脚步。我没有再次射击。我放下步枪，坐下思考起来：如果我的子弹打高了，那个德国人会弯腰；如果子弹在他前面划过，他会停下脚步。然而，这个德国人继续走路没有任何担心。这表明标尺板有一个小差距，子弹没有打中目标，而是射入沙土之中。所以，我把标尺板向下移动一个位置。我与洛马科一起等待。一个德国人出现了，我开枪，德国人倒下。

我们终于解决了这个问题。在下一次的讨论会上，我告诉所有的狙击手："这里有一个新要点供你们参考。如果你的位置比敌人高，你需要选用较小的标尺刻度。如果位置较低，要选用较大的标尺刻度。"也许这本是一条老规则，但对我们来说是新的。

我们的经验教给我们另一条规则：要选择敌人认为不可能的狙击位置。还必须巧妙地伪装自己。如果你爬上烟囱，就用煤烟弄脏自己，让自己变成烟囱的一部分。如果你靠近一堵墙，穿一件与墙的颜色相近的衣服。

例如，在我们团坚守的阵地，我悄悄地钻进一间烧坏的房子里。房子已经没有了，只有炉子和烟囱还在。我躺倒在炉子后面，在烟囱上做了一个枪眼。德国人肯定不会猜出有一个俄国狙击手会钻进烟囱。然而，我在烟囱中有良好的视线看清他们掩体的两个入口处，还能看见一条通往一栋3层楼房的道路。我从那烟囱里杀死了10个德国人。

我在那个烟囱里也遭遇了不幸，这是真的，但错在我自己。我懒得再多爬行，决定在同一地点狙击，一共射击了10次。德国人发现了我，他们用迫击炮轰击我，我的步枪炸坏了，砖头像雨点似的落在我头上，我的腿陷在砖头中，失去意识长达两个小时。醒来后，我拨开砖头，把腿抽了出来，但靴子被埋在炉子里了。靴子太大，是45号的。我拿地毯缠着脚，把炸坏的步枪挂在脖子上。我想跑，但丢了靴子让我感觉很不好。营长斯卡奇洛夫曾经在我之前穿这双靴子，它们对我十分重要。我想："他们要杀死我，随他们的便。但是，我绝不会丢下指挥官的靴子不管。我绝不让邪恶的德国人穿上这双靴子。"想到这，我开始把砖头向炉子外面扔，最后，我终于抓住了那双靴子。我手拿着靴子，浑身都是烟灰，光着脚沿着小巷子跑回来。同志们看到我跑来的样子，笑着说："现在给你照张相一定很有趣。"

从此，我和学员们都学会了采取不同射击的方式，从不同的地点进行射击。我们打一枪，换一个地方，并尽可能多地伪造枪眼。

在马马耶夫岗，一些德国机关枪手修建起非常坚固的土制碉堡。他们阻止我们在不同地点之间运动，不让我们向士兵运送粮食和弹药。上级命令我们把他们赶走。步兵发动了几次进攻，这些进攻都失败了。我们狙击手部队送去两名狙击手，他俩走失了，负了伤，不得不离开战斗岗位。营长命令我带领两名狙击手亲自去那里。于是，我们去了——我进入那个地区，走遍了整个阵地，从子弹射出的窟窿上计算出压制我们部队的敌人所处的位置。

我们躲在战壕中。一旦我们举起钢盔，德国人就开枪射击，钢盔就被打落。我意识到我们正面对一个有经验的狙击手。我们必须发现他的位置。这个任务很困难，因为无论谁伸出头，那个德国人就会开枪予以射杀。这意味着我们必须欺骗他，以智慧取胜，就是要找到战术上正确的方法。

　　我花费5个小时去捕捉他。最后，我想到一个方法。我摘下手套，放在一块木板上，伸出战壕。等那个德国人向手套射击后，我收回木板，查看我的手套被击穿的地方。利用弹孔，我估算出了敌人射击的位置。一旦确定了敌人的位置，你就应该坐在一个舒服的位置上等待，但不能让敌人知道你要射击的位置。

　　我拿着战壕潜望镜观察。我发现了德国狙击手！我们的步兵正在阵地前沿的位置上向前进攻，他们需要向碉堡移动30米的距离。就是在这个时刻，那个德国狙击手稍微抬起了身段，离开了他的步枪。与此同时，我跳出战壕，站直了身体，肩扛着步枪。那家伙没有想到我会如此大胆，身体向后靠。他抓住了枪，但我先开枪，射出一颗神圣的俄国子弹。那个德国人扔掉了他的枪。

　　我开始向碉堡的射击孔射击，使德国机关枪手没有机会拿起机关枪。与此同时，我们的步兵冲向碉堡，占领了它，而且没有伤亡。这就是正确的战术方法：欺骗敌人，完成任务，没有损失。

　　不用花多少时间就能杀死一个德国人。我们的士兵射击都很好，但德国人也不傻。他们喜欢伪装和战壕。他们的战壕挖得很深，几乎能不露出头来。

　　为了欺骗德国人，需要找到欺骗他暴露的方法，这是一个复杂的任务，只有不屈不挠、足智多谋的狙击手才能做到。我们甚至创造了一句格言：想杀德国鬼，必须先骗出那个鬼。我们需要爬上最高的烟囱，或者躲在舒服的地方，观察德国人在何处，然后选择射击位置——不是一个，而是多个。用火力使敌人瘫痪，防止敌人移动。白天，子弹看不见，你不知道他们的子弹从何处而来，所以你需要晚上行动。

　　有一次，德国人在一座小山上建立阵地。接近山顶十分困难，我们的步兵发动了几次进攻，但没有能攻占敌人狙击手的位置，也没有占领通向山顶的道路。

我与红军战士库利科夫、德沃叶斯金早晨5点钟到达那个地方，此时天还是黑的。我们拿起一根棍子，在它的一端做了一个横梁，用白布包裹住，做出一个人脸的形状，卷了一只长长的烟卷，插入其嘴里，还给它戴上一个钢盔，披上一件皮大衣，然后举起来。一个德国狙击手看到一个人在抽烟，开了一枪。黑暗中开枪，人能看见步枪发出的火焰。于是，我发现了那个德国狙击手。库利科夫在战壕中显露出一个"人"，德国狙击手开始向他射击。德国人射击后，库利科夫随即把木棍放低，然后再举起来。那个德国人认为刚才的目标没有被杀死，再次开枪射击。就在德国狙击手猎杀俄国狙击手的时候，我利用这段时间定位了那个德国狙击手射击的碉堡。我没有动手消灭他们，仅是确定他们的位置，然后与我们的反坦克炮联系，我们的炮兵摧毁了德国狙击手的巢穴。

我们与步兵冲锋小分队也保持着良好的关系。12月7日的战斗是一个好例子。上级给我们一个任务去占领一座水泥桥梁，我们试着占领它，但没有成功——我们的步兵进攻失败了。我们许多次都是短距离攻击，但大桥就是攻不下：水泥有6米厚，炮弹打到上面，只是一个凹痕，仅此而已。于是，我和另外4名狙击手，偷偷从侧翼向德军进攻——实际上不是侧翼，而是背后。

我们爬入一个被摧毁的房子里。当我们的冲锋部队发起进攻时，德国人的炮弹打光了，开始用手榴弹。此时，我们向德国人射击。他们发现了我们，搬出一门大炮攻击我们。我们杀死了整个炮组。我和4名狙击手一共杀死了28名德国人，时间不到两个小时。然后，我们的冲锋部队占领了坚固的大桥。

现在，我要说一说我最值得记忆的一次狙击。我不记得具体日期了。德国人正调遣增援部队。我正与指挥官一起坐在一个观察哨里，跑来一个通讯员，他告诉我们："德国人有新部署。我军正在向前线调兵。"

为了观察敌人增援部队的情况，我与几名狙击手决定上去，我们一共只有6个人。我们躲在一座被毁的小房子里修建成的观察哨里，德国人此时正在以编队行进，等他们走到距我们大约300米的地方，我们开始用步枪射击。他们大约有100名德国兵。他们被惊呆了，停下脚步。一个倒下去，接着第二个、第三个……我们射击一次大约需要2秒钟，我们的步枪的弹匣能装10发子弹。你一扣扳机，步枪自动装弹，突出弹壳。我们一共杀死了48名德国人。这就是我们狙击手在保卫斯大林格勒战役中的重要作用。

在斯大林格勒的大街上，我们的宣传员在宣传形势时说："如果你想活下来，去杀德国人。你告诉我你杀死多少德国人，我告诉你有多爱国。"消灭德国人变成一件有荣誉的事；所以，红军战士开始寻找德国人。杀敌最多的人，是我们中最受尊敬的人。

拉杰杨斯基上尉是一个鼓动家，战士们都喜欢他。他总是一天到晚拿着一支步枪在战壕和屋顶守候，等着德国人，看见一个，就杀一个，然后坐下来再等。他是一个真正的鼓动家。

我已经杀死了242个德国人，包括10多名德国狙击手。我有信心保证我比敌人更加足智多谋、比敌人更加强壮、射击得比敌人更准确。我总能保持平静，所以我从来不怕德国人。

附录 2

第227号命令

苏联国防人民委员会
斯大林

1942年7月28日

敌人全然不顾损失，向前线增派越来越多的兵力，已经深入到了苏联境内，占领了新的地区，摧毁、掠夺我们的城市和村庄，并强奸、谋杀、劫掠苏联人民。敌人还进攻了沃洛涅日、顿河地区、俄国南部地区、北高加索门户地区。德国侵略者正向斯大林格勒和伏尔加河推进，并不惜一切代价企图包围库班和北高加索，从而去掠夺那里的石油和粮食。敌军已经占领了沃洛切罗夫格勒、斯塔罗贝尔斯克、罗索什、库布扬斯克、瓦卢伊凯、诺沃切卡斯克、顿河河畔的罗斯托夫、沃洛涅日一半的地区。我军南部前线的一部分部队，在听信了制造恐慌的人的谣言后，没有认真地阻止敌人的进攻，已经放弃了罗斯托夫、诺沃切卡斯克。他们的撤退并未获得莫斯科的命令，因而羞辱了自己的军旗。

我们国家的人民曾经是热爱、尊敬红军的，但他们现在开始对红军感到失望，开始失去了对红军的信心。很多人咒怨红军向东逃跑，把需要保护的人民遗弃在德国的奴役下。

一些愚蠢的人争辩说，我们可以继续向东撤退，因为我们还有广大的领土、大量的土地、众多的人口，并且我们总是有充沛的粮食。这些人是在自我安慰。他们试图用这样的理由为自己不体面的行为和撤退开脱。但是，这些理由是彻头彻尾的欺骗，是虚假的，只能帮助我们的敌人。

所有指挥员、红军战士、政治委员必须理解到我们的资源不是无穷无尽的。苏联国土不是荒原一片，上面生活着人民——有工人、农民、知识分子、父母、妻子、兄弟、孩子。那些已经被法西斯占领的苏联领土，以及那些法西斯正计划着要去占领的苏联领土，能为我们的军队和人民提供粮食和其他资源，比如工业所需的石油、钢铁，为军队提供武器弹药的工厂，我们需要的铁路。在丧失乌克兰、白俄罗斯、波罗的海一带、顿涅茨克盆地等地区后，我们失去了大片领土，这意味着我们已经失去了大量的人口、粮食、金属、工厂。我们已经失去相对纳粹而言的人力资源优势和物资供应优势。如果我们继续撤退，就意味着我们将摧毁自己，也将摧毁我们的祖国。我们放弃的每一片领土，都将增强法西斯的力量，削弱我们自己，削弱我们的防御能力，削弱我们的祖国。

这就是为什么我们必须根除所有说我们可以无休止撤退的言论，根除所有说我们仍然有巨大领土的言论，根除所有说我们国家十分富有的言论，根除所有说我们人口众多的言论，根除所有说我们有足够粮食的言论。这些言论是谎言，是危险的，因为它们削弱我们自己，使敌人强大。如果我们不停止撤退，我们将没有粮食，没有燃料，没有金属，没有原材料，没有工厂，没有铁路。

我们必须做出一个结论：是停止撤退的时候了，一步也不能撤！从现在起，这就是我们的口号。我们必须顽强地保护每一个据点，保卫苏联的每一寸领土，直到流尽最后一滴鲜血。我们必须抓住我们的每一块土地，尽最大努力加以守护。祖国正处于困难时期，我们必须阻止敌人、击退敌人、消灭敌人，要不惜一切代价。德国人并非像恐慌制造者们说的那样强大，他们已经达到自己的极限。如果我们能抵挡住敌军目前的打击，我们肯定能获得未来的胜利。

我们有可能抵挡住敌人并把他们扔回西方吗？我们当然可以。因为我们在乌拉尔山脉后面的工厂仍然在完好地工作着，这些工厂每天都在向我们的军队提供更多的坦克、飞机、大炮。那么，我们缺少什么？我们缺少纪律，缺少命令，我们的师、团、连、坦克部队、航空中队里都缺少纪律和命令。这是我们面临的最严重的问题。如果我们要扭转局势保卫祖国，我们必须发布最严格的命令和建立强大的纪律。

我们不能再容忍那些放弃自己阵地的指挥官、政治委员。我们不能再容忍一种不正常的情况发生，有些指挥官、政治委员竟然允许几个明显是懦夫的人掌控战场局面。我们不能再容忍那些恐慌制造者使战士们失去自制力陷入混乱的撤退中，从而给法西斯打开大门。恐慌制造者和懦夫必须就地枪决。

从今以后，给所有军官、战士、政治军官一个铁一般的纪律：没有上级的命令，不得后撤半步。无论他是连长、营长、团长、师长、政委，只要是在无上级指挥官的命令情况下擅自撤退，他就是叛徒，他就要被当作祖国的叛徒而受到处理。

执行这个命令意味着我们能保卫我们的国家，拯救我们的祖国，消灭、压服那令人痛恨的敌人。

在红军的压力下，德军进行了冬季撤退，他们部队的士气和纪律曾一度松弛，德国人采取了严厉的措施，收到了良好的效果。他们将那些在战场上因表现怯懦而触犯军纪的士兵们组织成100个戴罪立功连，并把这些连队投入到前线的危险地段，命令他们用血来立功赎罪。他们还将那些在战场上因表现怯懦而触犯军纪的军官组成十个惩戒营，取消了他们的勋章并把他们投入到前线更危险的地段，让他们用血来将功赎罪。最后他们还设立了特殊的冲锋部队，将这些分队放在表现不稳的部队后方，专门用来处决擅自撤退的逃兵和试图投降的士兵。据我们所知，我们发现这些措施证明是有效的，因为德军现在打得比上一个冬天要好。我们面临的新情况是德军获得了良好的纪律。他们做到这点并不容易，因为他们没有较强的动机，他们不是在保卫自己的祖国。

他们只有一个使命——征服我们的土地。我们的部队，虽然有保卫祖国不受糟蹋的目标，却没有德国人那样的纪律，所以，我们的士兵遭受一次接着一次的失败。我们应不应该向我们的敌人学习？就像我们的祖先为了战胜敌人，向他们的敌人学习那样？我确信我们应该。

红军最高统帅命令：

1.前线军事委员会、前线指挥官应该：

a) 果断地根除部队中的撤退情绪，严禁诸如我们还能继续东撤和撤退无害等言论。这些措施的实施要使用铁腕。

b) 凡是那些在没有得到方面军上级命令的情况下允许部队擅自撤离阵地的指挥官，要坚决革职并送上级军法处置。

c) 在每个方面军组织1至3个（视具体情况而定）惩戒营，将那些因表现怯懦而触犯纪律的指挥官、高级指挥官和各级政治委员派驻这些惩戒营，并把他们投入到前线较危险的地段以给他们机会用血来洗刷对祖国犯下的罪行。

2.集团军军事委员会、集团军指挥官应该：

a) 对那些在没有集团军领导命令的情况下，擅自允许部队撤离手中阵地的集团军指挥官和政治委员，要坚决革职并送交前线军事委员会军法处置。

b) 在每个集团军的范围内，成立3到5个装备精良的护卫队，把分队投入到惩戒部队的后面，命令他们处决恐慌制造者和懦夫，以防部队出现恐慌性撤退。只有这样，才能帮助部队里忠诚的战士为祖国尽忠。

c) 在每个集团军的范围内，成立5至10个戴罪立功连，将那些因表现怯懦而触犯纪律的士兵和军士派到这些连，并把他们投入到各军的危险前线以给他们机会用血来洗刷对祖国犯下的罪行。

3.军、师的指挥官和政治委员应该：

a) 对那些在没有军、师指挥官命令的情况下擅自允许其部队撤退的团、营指挥官和政治委员，要坚决革职并收缴他们的勋章，接管他们的指挥权，并且将他们送军事委员会军法处置。

b) 全力帮助和支持护卫部队，从而整肃军纪。

此命令要在所有的连队、骑兵队、炮兵连队、空军中队、小组、参谋部范围内大声朗读。

国防人民委员　约瑟夫·斯大林

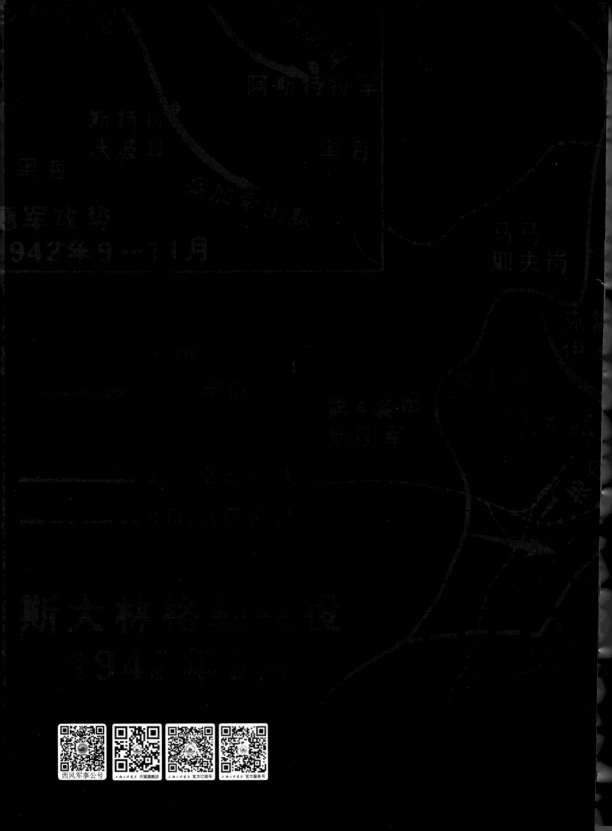

阿斯特拉罕

斯特林
大皮日   里每
罗每   高加索山脉

德军攻势
1942年9—11月

马马
耶夫岗

克曼
伊

第4坦克
集团军

斯大林格勒战役
1942年冬季

↓ 在苏军高层规划下一步的作战行动的同时，苏军部队则在对包围圈内的德军进行严密监视。图中是正在讨论"土星"作战行动的苏军西南方面军野战指挥员们。

←德军第6集团军陷入四面楚歌之中。苏军不断在外围施压，崔可夫的第62集团军同时也在市区发起了轮番进攻。

→苏军战地指挥官们正在查阅地图。在被皑皑白雪覆盖的毫无特征的大草原上，如何辨别方向是一个很重要的问题，因此必须经常查对地图。

→当红军准备发动反攻之时，崔可夫的第62集团军与保卢斯的第6集团军仍在市区展开激战。然而，战斗开始朝着有利于崔可夫部队的方向转变。

→苏军装甲部队向着斯大林格勒西部的卡拉赫推进。罗丁指挥的坦克第26军在夺取卡拉赫以及顿河大桥的战斗中发挥了重要作用。

↑斯大林格勒市内的一个苏军轻机枪小组。机枪的高射速和火力覆盖区域宽阔的特点，使它成为压制开阔地带的一种理想的战斗武器，操作起来较为简单。

↑1942年11月至1943年2月，斯大林格勒市区及周边的战斗在严寒的冬季里进行。图中一名苏军士兵正在经受寒冬的严酷考验。

→1942年年末时，意大利第8集团军在"小土星"行动中被迫后撤。10月29日，进攻斯大林格勒的战斗达到最高潮，但接下来的几个月双方的苦难还将继续。

↓1942年11月19日，苏军发起"天王星"行动，他们将在96小时之内将德军第6集团军团团包围。

一个苏军反坦克小组在一个建筑物内作战。经实战证明，苏军非常擅长这种战时的即兴创作，他们经常把坦克伪装在碎石瓦砾中。图中可以看到这个小组的弹药非常充足。

→一支苏联突击队正在战斗。当小队队员在街道战斗的同时,其他人员迅速爬到建筑物顶部占据更好的观测位置,以便提前发现德军的进攻。

↓晚秋时节,苏军士兵正在斯大林格勒一家工厂的废墟中战斗。当战役进行到最高潮时,此类建筑物经常在一天内多次易手。

一个苏军反坦克小组正在进行激战。苏军在战场上使用这些武器向德军发动猛烈反攻，德军遭遇猛烈打击，推进能力大大削弱。

←一支苏军轻型迫击炮小队在两座建筑物之间战斗。这张照片反映出巷战的拥挤不堪、视野狭窄等特点，很容易给人留下深刻的印象。

↓在斯大林格勒的一场激战中，苏军士兵奋力保卫一处大楼。远处右墙角的士兵不幸被敌人击中。

↑ 一名德军老兵展示自己的奖章与奖品。除了铁十字勋章之外，他还在左胸袋上佩戴着步兵突击章，这一资格章标志着他至少参加过3次突击行动。

↑ 德军士兵在一处已经被毁坏的建筑物内。最前面的那名士兵面部的紧张表情非常清晰，远处那名士兵身着苏军制服。

↑ 这名仍旧在斯大林格勒市内作战的被痛苦折磨的德军士兵面部紧张、愤怒的表情清晰可见。昔日的猎人，现在却成了别人猎杀的对象。

↑ 拿着一桶补给品的德军士兵，这些补给品有可能装入他身后的空投筒里运到前线，也可能是他刚刚接收到的。

一名罗马尼亚士兵为受伤的战友包扎。罗马尼亚军队不具备德军的战斗力与超强的技战术水平，但在得到正确的指挥并获得应有装备之后，他们往往会具备一定的战斗力。

↑一名德军军官正在据守斯大林格勒一处经过粗略加固的阵地。他手中拿的是苏制PPSh-41冲锋枪,这是进行城
　　市战的最理想武器。

↓一辆失去战斗能力的德军坦克与四名德军士兵的尸体。这辆坦克刚刚与一辆苏联T-34型坦克交战过。德军坦克
　　在斯大林格勒遭受惨重损失,它们在斯大林格勒市区根本无法实现机动作战。

苏军SU-76自行火炮隐蔽在茂密的树林边，以防被德军侦察机发现。截至10月份，苏军不断积累各种物资，准备发起大规模的反攻。

↑ 就在人类进行残酷厮杀时，动物却能够找到和享受一下极为难得的和平。德军严重依赖马匹运送炮弹和供给物资，到了1942年12月，这些马匹被德军吃掉了。

↑ 随着斯大林格勒保卫战的持续进行，苏联红军将越来越多的炮兵装备投入前线。图中一个炮兵小组正在接听前线观察员下达的射击指令。

← 在斯大林格勒保卫战中，所有健壮的苏联男性都参加了战斗。这是1942年10月工人民兵营的人员正从远处观察战况。

←一名苏军政委正在观察斯大林格勒市外围的防线，身后不远处是一个迫击炮小组。迫击炮可以迅速移动，能够避开敌人报复性的空中打击。

苏军在斯大林格勒市郊的一次反击行动中，使用迫击炮火力进行支援。这种不断进行的小规模进攻大大削弱了德军士气。

↑ 在伏尔加河西岸，深深植入地下的苏军掩体，可以承受德军经常性的炮轰和空袭。苏军指挥员崔可夫的大部分时间便是在此类掩体中度过的。

↓ 在斯大林格勒市的废墟中，一名机枪手负责进行警戒，另外三名苏军士兵抓紧时间吃饭。在战役期间，士兵们所有的供给物资都需要通过伏尔加河运输。

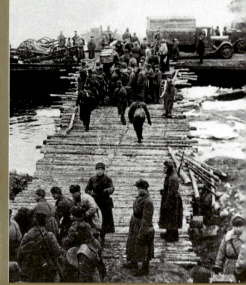

↑ 就在斯大林格勒战斗持续进行时，德
国空军转移到城市北部作战，第62集
团军迅速利用这一时机，应用各种栈
桥将援兵和补给物资运进市区。

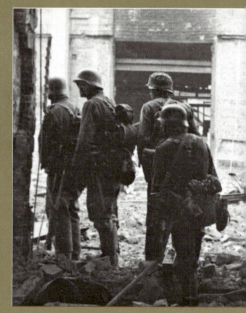

← 一个德军步兵班在斯大林格勒工业区
进行搜索。在斯大林格勒，到处都是
金属和碎石，这为防御一方提供了极
大的便利。而德军要想占领每一寸土
地都需要彻底进行搜查。

崔可夫指挥的第62集团军奋勇抵抗，德军第6集团军争夺每一寸土地都要付出极其惨重的代价。图中的一名苏军士兵正从碎石堆积的堑壕内向外投掷手榴弹。

一支德军步兵分队在苏联"红十月"兵工厂西侧工人住宅区的废墟内。根据他们戴的临时制作的头盔伪装可以看出，苏军狙击手对德军造成了强烈的心理冲击。

↑ 在斯大林格勒已经成为废墟的厂区，德军发现了一些由德国公司提供的机械设备，这是战前两国关系密切的明证。

↓ 德军步兵在斯大林格勒的碎石废墟之中。在当时，即使占领一座单独的建筑物就能够让一个营的兵力耗费一整天的时间。

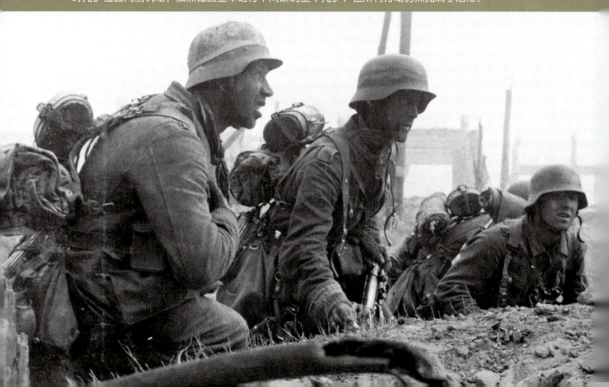

←在遭受德军空袭后，苏军的储油基地燃起熊熊大火，火势已经失去控制，滚滚浓烟在40英里开外都看得清清楚楚。

←德军士兵使用缴获的苏军武器在斯大林格勒市区进行战斗。德军迅速掌握了城市战的精髓，因为未能掌握城市战要领的部队都被苏军迅速消灭了。

←这张照片真实再现了纳粹空军进行物资空运的困难和低效，地面上的士兵都将目光投向了空中的飞机。巨大的灾难即将降临到这些士兵的头上。

←保卢斯上将通过野战双筒望远镜观察斯大林格勒的战况。苏军在斯大林格勒市的顽强抵抗使得保卢斯大为震惊，但他仍然企图将第62集团军赶下伏尔加河。

→一个德军迫击炮小组在斯大林格勒的废墟中准备为进攻提供支援。德国空军不断对斯大林格勒发动空袭、炮击以及双方的近身战斗所造成的严重破坏在背景中清晰可见。

1942年10月，一个德军反坦克炮小组正在斯大林格勒的战场战斗。该炮组所有士兵的注意力似乎都被远处发生的某事吸引。

↑一个德军机枪组在斯大林格勒一堵墙壁后方坚守阵地。MG34型机枪的最高射速为每分钟800～900发。

↓德国空军对斯大林格勒发动空袭，一股黑色浓烟升入数千英尺的高空。

↑从这些年轻妇女的痛苦表情可以看出，德国空
军对斯大林格勒不加区分的狂轰滥炸造成了非
常严重的破坏，但他们无法摧毁苏联人民抵抗
侵略的决心。

↓随着斯大林格勒保卫战的逐渐吃紧，斯大林指
示平民撤出斯大林格勒。在撤离过程中，苏联
平民将能够携带的所有东西一股脑地塞进了运
送他们的卡车，而后越过伏尔加河撤退到安全
地带。

←斯大林格勒经过残酷战斗之后满目疮痍的景
象。德军士兵对各处废墟进行搜索，希望能
够发现苏军的蛛丝马迹。

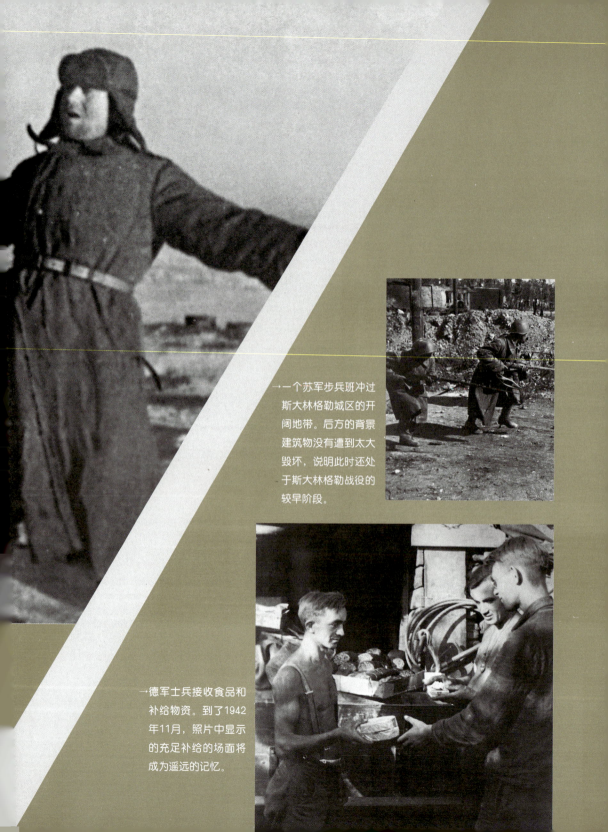

→一个苏军步兵班冲过斯大林格勒城区的开阔地带。后方的背景建筑物没有遭到太大毁坏，说明此时还处于斯大林格勒战役的较早阶段。

→德军士兵接收食品和补给物资。到了1942年11月，照片中显示的充足补给的场面将成为遥远的记忆。

→在马马耶夫岗山顶展示的一个振奋后世精神的英雄姿势。这张照片摄于1943年2月斯大林格勒战役胜利之后。

←一些被俘的苏军士兵为德国人做仆役，以此换取可怜的生存配给或工资，他们的结局往往非常悲惨。

1942年
9月26日，
保卢斯宣布德
军在斯大林格勒
南部与中部取得了
胜利，并且在其总部
（斯大林格勒1号火车站
附近的一家百货商场）升
起了纳粹旗帜。

↑ 一个德军机枪组在斯大林格勒大街上挖掘防御工事。他们身边的沙袋、大量弹药物资供应以及备用枪管都显示出他们打算在此坚守。

↓ 德军炮兵在察里察河南岸的米尼那郊区。前方就是著名的大谷物仓库输送带，50名苏军士兵曾在这里英勇抗击着德军3个师的进攻，这成为斯大林格勒战役中的一个传奇。

血战
斯大林格勒

ISBN 978-7-5426-7766-2

9 787542 677662 >

定价：88.00元